DIE KATHARER

DIE KATHARER

IHRE GEHEIMNISSE UND IHRE GESCHICHTE

SEAN MARTIN

© 2008 für diese Ausgabe: EVERGREEN GmbH, Köln

© 2008 Alexian Limited
© 2008 Text: Sean Martin

Dieses Buch wurde konzipiert, gestaltet und produziert von:
ALEXIAN LIMITED
The High Street
Norton St Philip
Bath, Somerset BA2 7LH U.K.

Art Director: Terry Jeavons
Layout: Andrew Milne
Redaktion: Kim Davies
Bildrecherche: Vanessa Fletcher

Titel der Originalausgabe: *New Perspectives. Cathars*

Übersetzung: Ulrike Zehetmayr, Wien
Produktion: Print Company Verlagsgesellschaft m.b.H., Wien

Printed in China

ISBN 978-3-8365-0463-8

Bildnachweis

Inhalt

Vorwort

Es war der Feiertag der Hl. Maria Magdalena, der 22. Juli 1209, ein Tag der Freude, und niemand ahnte, dass ein Massaker bevorstand.

Eine französische Armee aus dem Norden unter Führung des päpstlichen Legaten Arnold Amaury lagerte vor der Stadt Béziers im Languedoc. Nach einem monatelangen Marsch durch das Rhônetal war sie vor Kurzem hier eingetroffen, um die Stadtältesten aufzufordern, die 222 Katharer, die in Béziers lebten, auszuliefern. Die Ältesten weigerten sich – und diese Weigerung sagt über die komplizierte politische Situation, die die Ausbreitung des Katharismus ermöglicht hatte, ebensoviel aus wie über die Kraft dieses Glaubens.

Etwa 50 Jahre zuvor hatte der Katharismus auch das Languedoc erreicht, und zu Beginn des 13. Jahrhunderts war er hier die beherrschende Religion. Im Gegensatz zum Großteil des

katholischen Klerus waren die Katharer auffallend tugendhaft und führten ein Leben in apostolischer Armut und Einfachheit. Das alleine hätte ausgereicht, um die Sekte als ketzerisch zu brandmarken, wie es bei den Waldensern in Lyon der Fall war. Was sie jedoch von anderen Häretikern unterschied, war ihre dualistische Weltsicht, der Glaube an die zwei ewigen Prinzipien des Guten und des Bösen, wobei das Böse die Welt beherrschte. Außerdem standen die Katharer der katholischen Kirche, die sie als Kirche des Teufels anprangerten, zutiefst feindselig gegenüber.

Sie waren mit ihrer Ablehnung Roms nicht alleine. Der Großteil des heutigen Südfrankreich pochte auf seine Unabhängigkeit und betrachtete sowohl die Armee aus dem Norden als auch die päpstlichen Abgesandten als ausländische Eindringlinge. Deshalb war es undenkbar, die Katharer, Landsleute aus dem Süden, dem Gegner auszuliefern. Im Süden war nicht die Häresie der Feind, sondern jeder, der die Autonomie des lokalen Adels in Frage stellte, der die Autorität der mächtigen Grafen und Vicomtes von Toulouse, Foix und Carcassonne untergrub.

Die Kombination aus Häresie und Politik war hoch explosiv, und Papst Innozenz III. (1198–1216) sah genügend Gründe, zu einem Kreuzzug aufzurufen. Der Westen hatte seit

1095 Kreuzzüge geführt, die jedoch vor allem gegen Moslems gerichtet waren. Unter Inno-zenz III. sollte sich das ändern. Der vierte Kreuzzug, der 1202 gestartet wurde, verhieß bereits nichts Gutes für die Häretiker und Adeligen des Languedoc: Obwohl die Kreuzritter das Heilige Land zum Ziel hatten, wichen sie im Frühjahr 1204 weit von ihrem Weg ab und plünderten die christliche Stadt Konstantinopel. Der Kreuzzug gegen die Katharer ging sogar noch weiter: Er war der erste im Westen, der gegen eigene Landsleute geführt wurde.

Als klar wurde, dass man die Häretiker nicht ohne Kampf ausliefern würde, berief Arnold Amaury seine Generäle zu einer Lagebesprechung ein. Währenddessen kam es zwischen einer kleinen Gruppe von Kreuzzüglern und einer Gruppe von Stadtbewohnern, die sich auf der Stadtmauer postiert hatten, zu einem heftigen Wortgefecht. Wütend öffneten die Verteidiger die Tore, und eine kleine Gruppe eilte nach draußen, um den Kreuzrittern eine Lektion zu ertei-len. Es gelang ihnen zwar, ihre Kontrahenten in die Flucht zu schlagen, doch die Kunde, dass das Tor offen stand, verbreitete sich in Windeseile. Schon strömten Kreuzritter in die Stadt. Die Neuigkeiten erreichten Arnold Amaury. Was sollte er tun? Wie sollte die Armee Katharer und Katholiken auseinanderhalten? Der päpstliche Legat gab, frei nach dem 2. Brief an Timotheus, den berüchtigten Befehl: »Tötet sie alle. Gott wird die Seinen erkennen.«

In dem nun folgenden Blutbad wurden mindestens 9000 Menschen brutal ermordet. Nicht einmal Frauen und Kinder, die in der Kathedrale von Saint-Nazaire Zuflucht suchten, blie-ben verschont: Die Kathedrale wurde in Brand gesteckt, und jeder, der zu flüchten versuchte, wurde niedergemetzelt. Am Abend flossen Ströme von Blut durch die Straßen von Béziers. Kirchen und Häuser brannten. Als sie ihr Massaker beendet hatten, zogen die Kreuzritter plün-dernd und marodierend durch die Ruinen von Béziers.

Der Albigenserkreuzzug, wie er später genannt wurde, hatte begonnen und war sofort völ-lig außer Kontrolle geraten. Die Gräueltaten von Béziers bestärkten die Katharer in ihrem Glauben, dass die Welt tatsächlich vom Bösen beherrscht wurde und sie alleine die von Gott Erwählten waren.

▶ Kreuzritter dringen in die Kathe-drale von Béziers ein und töten alle, die dort Zuflucht gesucht hatten.

1 Häresie und Orthodoxie

NACH DEM ERSTEN KONZIL VON NICÄA 325 N. CHR. ERKLÄRTE DIE KIRCHE IN ROM ALLE LEHREN, DIE VOM ORTHODOXEN CHRISTENTUM ABWICHEN, ZUR HÄRESIE.

Einleitung

Der Katharismus war die am weitesten verbreitete Häresie des Mittelalters. Er erfreute sich so großen Zuspruchs, dass ihn die Kirche als die Große Häresie bezeichnete. Seine Blütezeit erreichte er Anfang des 13. Jahrhunderts, als er von Aragón bis nach Flandern, von Neapel bis ins Languedoc verbreitet war. Ihre mit Priestern vergleichbaren Perfecti führten ein so auffallend tugendhaftes Leben, dass sogar ihre Feinde sie als gottgefällige Menschen anerkennen mussten. Die Katharer nannten sich selbst *Bons Hommes* (»Gute Menschen«) und hatten in allen gesellschaftlichen Schichten Anhänger, und auch Frauen, in der Kirche nie willkommen, bekannten sich zum Katharismus, weil sie respektiert wurden und ihren Glauben aktiv leben konnten. Diese Kombination aus Frauen, Tugendhaftigkeit und apostolischer Armut – ganz zu schweigen von der Beliebtheit des katharischen Glaubens – wurde in Rom gar nicht geschätzt. Die Missbilligung beruhte auf Gegenseitigkeit, denn die Katharer waren der Ansicht, dass die Kirche in ihrem Streben nach weltlicher Macht die Botschaft Christi verriet.

In manchen Gegenden Südfrankreichs gab es mehr Katharer als Katholiken. So war es kaum verwunderlich, dass die Katholiken gegen die Katharer vorgingen. Die Zeitgenossen

▶ Ein Ritter führt eine Gruppe von Kreuzrittern durch die offenen Tore von Béziers.

◀ Bram, ein Katharerdorf im Languedoc, wurde zu Verteidigungszwecken in konzentrischen Kreisen gebaut.

schockierte deshalb auch weniger, dass der Papst zum Kreuzzug gegen die Häresie aufrief, sondern vielmehr, dass die Kreuzfahrer unvorstellbare Gräueltaten gegen ihre Landsleute begingen. Im Languedoc hat man diese Verbrechen bis heute nicht vergessen.

Die genauen Ursprünge des Katharismus sind trotz seiner Verbreitung unbekannt. Er kam zu einer Zeit auf, als die Kirche und ganz Europa enorme Veränderungen durchliefen. Es fällt zwar schwer, sich Gräueltaten wie jene in Béziers vorzustellen, doch wenn man sich mit der Geschichte der Kirche und der daraus entstehenden Häresie auseinandersetzt, kann man die Verfolgung der Katharer zumindest ansatzweise verstehen. Darüber hinaus ist es hilfreich, die Geschichte des dualistischen Glaubens zu kennen, um den Kampf zwischen Katholiken und Katharern vor seinem historischen Hintergrund zu sehen.

Dualismus

Der Dualismus existierte bereits vor dem Christentum, er dürfte sogar älter sein als die schriftlich belegte Geschichte selbst. Der Begriff wurde 1700 von dem englischen Orientalisten Thomas Hyde geprägt, um ein religiöses System zu beschreiben, in dem Gott und Teufel zwei gegensätzliche, schon immer gemeinsam existierende Prinzipien sind. Der Begriff sollte später alle Systeme umfassen, die sich um einen zentralen Gegensatz drehen (wie Geist/Körper bei Descartes oder unsterbliche Seele/sterblicher Körper bei Plato). Dualistische Züge existieren in allen großen Religionen, ob monotheistisch (Eingottglaube wie Islam, Judentum oder Christentum), polytheistisch (Mehrgottglaube wie Schintoismus oder der griechische Pantheon) oder monistisch (Erkenntnis, dass alles – das Göttliche, die Materie und die Menschen – aus derselben Substanz ist, wie in bestimmten Schulen des Hinduismus, Buddhismus, Taoismus und Pantheismus). So nimmt das fundamentalistische Christentum eine dualistische Haltung ein, wenn es viele Dinge auf der Welt – Rockmusik, Drogen, New-Age-Philosophien, Hollywood-Kassenschlager – als Werk des Teufels verurteilt. Desgleichen betrachten extremistische islamische Gruppierungen Nicht-Muslime entweder als nicht bewusst genug für die Wahrheit oder als aktiv mit der Unterminierung der Religion des Propheten beschäftigt. In beiden Fällen liegt eine Trennung in »wir und sie« vor, aus der es nur einen Ausweg gibt (den Glauben an Jesus bzw. Mohammed).

Obwohl Formen des Dualismus in allen Weltreligionen zu finden sind, steht der religiöse Dualismus mit seiner Postulierung der beiden gegensätzlichen Prinzipien Gut und Böse für sich. Innerhalb der dualistischen Tradition gibt es zwei Richtungen: den absoluten und den gemäßigten Dualismus. Der italienische Religionshistoriker Ugo Bianchi definierte drei wesentliche Unterscheidungsmerkmale:

▼ Das platonische Konzept von der unsterblichen Seele und dem sterblichen Körper ist die Grundlage aller dualistischen Philosophien.

◄ Viele Religionen, darunter auch der tibetische Buddhismus, haben eine dualistische Sicht der Welt.

1. Der absolute Dualismus betrachtet die beiden Prinzipien Gut und Böse als immerwährend und gleichwertig, wohingegen der gemäßigte Dualismus das böse Prinzip als dem guten Prinzip unterlegen sieht.

2. Der absolute Dualismus sieht die beiden Prinzipien als sich bis in alle Ewigkeit bekämpfend an. Viele Schulen betrachten Zeit als etwas Zyklisches und glauben daher vielfach an Reinkarnation. Der gemäßigte Dualismus betrachtet die Zeit als endlich; am Ende der Zeit wird das Gute über das Böse siegen.

3. Der absolute Dualismus sieht die materielle Welt als inhärent böse an, der gemäßigte sieht die Schöpfung als etwas im Wesentlichen Gutes.

Die ersten Christen

▲ Jakobus der Jüngere wird in der Kirchengeschichte oft mit Jakobus, dem Bruder Jesu, gleichgesetzt. Er gilt als der erste Anführer der christlichen Gemeinde nach der Kreuzigung.

Das frühe Christentum bestand aus vielen Gruppen, jede mit ihren eigenen Überzeugungen und Praktiken. Als die Katharer sich als Nachkommen der ersten Christen bezeichneten, hatten sie vermutlich das einfache Christentum im Sinn, wie es von den Aposteln praktiziert wurde. Sie stellten sich damit in die Tradition des wahren Christentums, welches sich verbreitete, bevor die Grundsätze der christlichen Gesamtkirche beim Konzil von Nicäa festgelegt wurden. Dieses von Kaiser Konstantin 325 n. Chr. einberufene Konzil legte fest, was das orthodoxe Christentum ausmachte, und definierte dadurch auch, was Häresie war. So wurden aus vielen frühchristlichen Gruppierungen plötzlich Ketzer. Um zu verstehen, wie es dazu kam, muss man die politische Situation in Israel und in der gerade entstehenden Kirche im ersten Jahrhundert n. Chr. genauer betrachten.

Während und unmittelbar nach dem Wirken Jesu waren seine Anhänger eine Minderheit, die von den Römern und den Pharisäern verfolgt wurden. Wer die Nachfolge Jesu antrat, ist nach wie vor umstritten. Traditionell gilt Petrus als jener Fels, auf dem die Kirche erbaut wurde. Auf sie beruft sich auch die römisch-katholische Kirche, indem sie Petrus als ihren ersten Papst nennt. Es wurde jedoch auch behauptet, dass Jesu Bruder Jakobus nach dessen Kreuzigung das Oberhaupt der ersten

LAVACRVM
RENASCEN
TIS VITAE
CVRAE
CONSTANTINI

Christengemeinschaft in Jerusalem war. Man vermutet, dass seine Anhänger mit Paulus aneinandergerieten, dem glühendsten Missionar des Christentums. Diese Meinungsverschiedenheit wird umso bedeutungsvoller, wenn man bedenkt, dass die Ideen des Paulus eine große – wenn nicht die größte – Rolle bei der Entwicklung der christlichen Theologie spielten. Dennoch bleibt er eine umstrittene Figur: Fast nie zitiert er die Worte Jesu, und seine Briefe – die den größten Teil des Neuen Testaments bilden – sind oft an andere christliche Gemeinschaften gerichtet, um gewisse Punkte der Lehre zu klären oder sie zu mahnen, nicht vom wahren Weg abzukommen. Wäre das frühe Christentum eine geeinte Bewegung gewesen, hätte es solcher

▼ Mit der Taufe von Kaiser Konstantin wurde das Christentum die offizielle Religion des Römischen Reichs.

▶ Paulus' Auslegung des Christentums, die hier in Ephesus gepredigt wird, wurde nach dem Konzil von Nicäa 325 n. Chr. die beherrschende Lehre.

Briefe nicht bedurft. Um es mit den Worten eines Kommentators, eines Rechtsgelehrten, auszudrücken, war »Paulus und nicht Jesus der Begründer des Christentums«, und darin liegt auch der Ursprung der christlichen Häresie: »In Wirklichkeit ist Paulus der erste ‚christliche‘ Häretiker, und seine Lehren – die zum Funda-ment des späteren Christentums wurden – sind eine ungeheuerliche Abweichung von der ‚ori-ginalen‘ oder ‚reinen‘ Form.« Er ist »der erste Verfälscher der Lehre Jesu« und sollte nicht der letzte sein. Zwischen der einfachen, aber tief-gründigen Bergpredigt Jesu und der Lehre vom Gekreuzigten Christus, wie sie Paulus predigte, liegt ein himmelweiter Unterschied.

▲ Die Bergpredigt wird oft als uni-versale Weisheit gesehen, die über die reine Religion hinausgeht.

Gnostische Denkschulen

Der Jüdische Aufstand 66 n. Chr. bedeutete das Ende der Kirche von Jakobus, während das Christentum von Paulus weiter wuchs. Es wurde jedoch durch die verschiedenen unor-thodoxen Gruppen, die sich in den drei Jahr-hunderten vor dem Konzil von Nicäa heraus-bildeten, mit weiteren Herausforderungen konfrontiert. Etliche Gruppierungen legten Gewicht auf die Bedeutung der *Gnosis*, der direkten, auf Erfahrung gegründeten Erkennt-nis des Göttlichen. Viele gnostische Denk-schulen vertraten die Ansicht, dass die Welt durch einen bösen Demiurgen geschaffen wurde, den sie oft mit dem Gott des Alten Testaments gleichsetzten. Folglich sind sie gemäßigte Dualisten. Die vielleicht wichtigste gnostische Schule wurde Mitte des 2. Jahrhunderts n. Chr. von Marcion gegründet. Er ging von der Existenz zweier Götter aus, einem wahren und einem falschen. Die Marcioniten standen der Welt ablehnend gegenüber und lebten streng

▶ Gott als Schöpfer, wie Michelangelo ihn darstellte, ist ein wiederkehrendes Motiv in der christlichen Kunst.

asketisch. Die im Entstehen begriffene römische Kirche brandmarkte die Marcioniten als Häretiker und verurteilte Marcions Lehren.

Der Glaube an zwei Götter und die Askese der Marcioniten sollten später im Katharismus wieder auftauchen, zusammen mit einer weiteren gnostischen Vorstellung: dass Christus eine Erscheinung war und kein realer Mensch aus Fleisch und Blut. Viele Gnostiker sahen die Leiden und die Auferstehung Christi im Wesentlichen als etwas Geistliches, ohne ein menschliches, leidendes Wesen. Diese Vorstellung, die als Doketismus bekannt wurde, galt ebenfalls als häretisch.

Der Katharismus unterschied sich von vielen gnostischen Denkschulen dadurch, dass er behauptete, Erlösung sei nur durch die Dienste der katharischen Priesterschaft, der Perfecti, erreichbar und nicht durch die direkte *Gnosis* des Gläubigen. Ironischerweise spiegelte der Katharismus damit den Katholizismus wider, der behauptete, dass der Weg zur Erlösung nur durch die Vermittlung seiner Priester möglich sei.

Die Manichäer

Die Häresie, die der Kirche nach Nicäa am meisten zu schaffen machte, war der Manichäismus, ein synkretistischer Glaube, der Ideen des Zoroastrismus, des Christentums und des Buddhismus enthielt und von dem persischen Propheten Mani (216–275 n. Chr.) begründet wurde.

Die Manichäer teilten sich in zwei Klassen: die Auserwählten und die Hörer. Die Auserwählten waren die Priester des Glaubens und lebten streng asketisch (sie verzichteten unter anderem auf Fleisch, Wein und Sexualität). Die Hörer – also alle Gläubigen – mussten auch gewisse Regeln einhalten und die Versorgung der Auserwählten gewährleisten. Sie durften zwar Eigentum besitzen und heiraten, aber keine Kinder bekommen. Manis System war äußerst kompliziert, doch im Wesentlichen radikal dualistisch: Es stellte das Prinzip des Bösen gleichberechtigt dem des Guten gegenüber.

Für die Kirche war der Manichäismus die schrecklichste der Häresien, schlimmer noch als der Marcionismus. Er erfreute sich jedoch großen Zuspruchs, und auch Augustinus von Hippo gehörte neun Jahre lang zu seinen Zuhörern. Allerdings verurteilte dieser später die Sekte in seinen Büchern *De Manichaeis* und *De Heresibus*, die für die Kirche zur wichtigsten Referenz in Fragen der Häresie wurden. Unter dem zunehmenden Druck der Verfolgung flohen die Manichäer aus Europa nach Asien.

▼ Manichäische Priester an ihren Schreibpulten. Viele Texte waren in Sogdisch verfasst, einer ausgestorbenen mitteliranischen Sprache.

Die Bogomilen

Die Bogomilen traten im 10. Jahrhundert in Erscheinung und waren die unmittelbaren Vorläufer der Katharer. Ihr Glaube wurde ursprünglich als Mischung aus Manichäismus und Paulikianismus betrachtet, letzterer eine dualistische Sekte, die seit dem 9. Jahrhundert in Bulgarien aktiv gewesen war.

Ein bulgarischer Priester namens Cosmas verdammte die Bogomilen in seiner *Predigt gegen die Ketzer*, die er etwa 970 n. Chr. schrieb. Laut Cosmas wurde die Sekte von einem Priester namens Bogomil gegründet, dessen Anhänger das Alte Testament und die Sakramente der Kirche ablehnten. Ihr einziges Gebet war das Vaterunser. Die Bogomilen verehrten weder Heiligenbilder noch Reliquien und lehnten das Kreuz als Instrument der Folter Christi ab. Die Kirche galt ihnen als Verbündete des Teufels, den sie als Schöpfer der sichtbaren Welt und als Bruder Christi betrachteten. Ihre Priester waren strenge Asketen, die auf Fleisch, Wein und Heirat verzichteten. Die Bogomilen waren – zumindest anfänglich – gemäßigte Dualisten, die den Teufel als gefallenen, Gott unterlegenen Engel betrachteten. Sie waren wohl vertraut mit der Heiligen Schrift, legten sie aber auf unorthodoxe Weise aus (z. B. setzten sie den verlorenen Sohn mit dem Teufel gleich). Ihre Sicht der Kreuzigung war doketisch, d. h. sie glaubten, dass Christus nur scheinbar am Kreuz gelitten hatte und gestorben war.

Wie bei den Manichäern gab es auch bei den Bogomilen eine Hierarchie: die Vollkommenen, die Gläubigen und die Hörer. Laut dem Mönch Euthymius von Konstantinopel, der um 1050 seine Schriften verfasste, wurde ein bogomilischer Hörer durch eine Taufzeremonie zum Gläubigen, die das Auflegen des Evangeliums auf den

▲ Beispiel eines in Bulgarien erhaltenen bogomilischen Schreins.

Kopf des Täuflings umfasste. Die Taufe selbst erfolgte nicht mit Wasser, sondern durch Handauflegen. Ein Gläubiger konnte nur nach eingehenden Studien zum Vollkommenen aufsteigen. Die Zeremonie, in der ein Gläubiger zum Vollkommenen wurde, ähnelte der Taufe eines Hörers und wurde als *Consolamentum* (Tröstung) bezeichnet.

Die Bogomilen betrachteten sich selbst als die Erben des wahren apostolischen Christentums. Nach dem Vorbild Christi und der Apostel hatte ein bogomilisches Kirchenoberhaupt zwölf Jünger und führte ein Leben in Einfachheit und Armut – eine Reaktion auf die von den Bogomilen angeprangerte Verdorbenheit, die falschen Lehren der Kirche und die herrschenden sozialen Verhältnisse, unter denen der Großteil der Bevölkerung litt. Diese waren ebenfalls ein Auslöser und wirkten verstärkend auf die Verbreitung dieser religiösen Umwälzungen. Am meisten beunruhigte Euthymius, dass die Bogomilen anscheinend eine gut funktionierende Gegenkirche aufgebaut hatten, deren Missionare den häretischen Glauben eifrig verbreiteten. Um das Jahr 1080 erreichten sie Sizilien und begannen von dort nach Westeuropa vorzudringen. Die Große Häresie – die größte Bedrohung der Kirche im Mittelalter – hatte begonnen.

▼ Die Bogomilen ließen sich zunächst in Sizilien nieder und verbreiteten von dort ihre Lehre über Westeuropa.

2 Die Anfänge des Katharismus

NACH DER ERSTEN SCHRIFTLICHEN ERWÄHNUNG DES KATHARISMUS 1134 IN DEUTSCHLAND VERBREITETE ER SICH SCHNELL IN NORDITALIEN UND DEM LANGUEDOC IN SÜDWESTFRANKREICH.

Einleitung

Häresien scheinen in der zweiten Hälfte des 11. Jahrhunderts fast völlig verschwunden gewesen zu sein. Das hing möglicherweise damit zusammen, dass Papst Leo IX. (1049–1054) ein Reformprogramm einleitete, das von Gregor VII. (1073–1085) fortgeführt wurde. Die wohl folgenreichste Handlung dieses Papstes bestand darin, zu verkünden, dass die katholische Kirche der einzige Weg sei, auf dem man zu Gott gelangen könne. Sie sei allen anderen übergeordnet, und der Papst die größtmögliche menschliche Autorität. Der Historiker Malcolm Lambert schrieb über Gregor VII.: »[Er] weckte bei den Laien ein neues Verantwortungsbewusstsein für Reform und höhere Erwartungen an den moralischen Standard ihres Klerus. Der Geist, den er damit wachrief, ließ sich nicht mehr bändigen.«

Das moralische Leben des Klerus wurde zum Stein des Anstoßes für Reformer, Dissidenten und unzufriedene Kirchgänger. In den ersten Jahren des 12. Jahrhunderts wurde dieser Reformeifer noch stärker, und charismatische Wanderprediger trieben oft ganze Städte zu einer geradezu feindseligen Ablehnung des Klerus. Tanchelm von Antwerpen, der in den Niederlanden aktiv war, inspirierte seine Anhänger zu derart fanatischer Verehrung, dass sie angeblich sein Badewasser tranken. Er reiste stets mit einer bewaffneten Garde – eine Maßnahme, die sich als zwecklos erwies, denn er wurde von einem erbosten Priester erstochen. Ein abtrünniger Benediktinermönch namens Heinrich von Lausanne sorgte für schwere Unruhen in Le Mans und vertrieb sogar den Bischof. Peter von Bruys war noch radikaler und rief die Menschen auf, in Kirchen einzubrechen und die Kreuze zu zerstören. Er hielt öffentliche Kreuzverbrennungen ab, bis ihn am Karfreitag 1139 eine wütende Menge in eines seiner eigenen Feuer warf. Arnold von Brescia ging noch weiter als von Bruys: Er unternahm 1146 einen Angriff auf Rom und erklärte es zur Republik. Erst 1154 konnte der Papst in den Vatikan zurückkehren. Arnold wurde auf dem Scheiterhaufen verbrannt und seine Asche im Tiber verstreut, damit seinen Anhängern keine Reliquien zur Verehrung blieben.

▶ Papst Gregor befiehlt einem Benediktinermönch, Häretiker aufzuspüren.

Die ersten Katharer

Die erste schriftliche Erwähnung der Katharer stammt aus dem Jahr 1143: Eberwin, der Prior eines Prämonstratenserklosters in Steinfeld in der Nähe von Köln, schrieb dem großen Zisterzienser-Reformer Bernhard von Clairvaux, dass zwei häretische Gruppen entdeckt worden seien, als diese einen Punkt der Lehre diskutierten.

Diese waren Katharer und wurden zu einer Anhörung zum Bischof von Köln gebracht. Es stellte sich heraus, dass ihre Kirche in drei Hierarchiestufen organisiert war: Auserwählte, Gläubige und Hörer. Sie tauften nicht mit Wasser, sondern durch Handauflegen. Sie lehnten die Ehe ab, doch Eberwin konnte den Grund dafür nicht herausfinden und vermutete, dass sie ihn »entweder nicht zu enthüllen wagten oder selbst nicht kannten«. Der Erzbischof erfuhr außerdem, dass diese häretische Gruppe »eine große Zahl von Anhängern auf der ganzen Welt hatte« und dass sie »von der Zeit der Märtyrer bis zu diesem Tag [1143] im Verborgenen existiert hatten«. Die meisten der Häretiker widerriefen, doch zwei von ihnen, ein Bischof und ein Diakon, ließen auch nach drei Tagen der Debatten mit Geistlichen und Laien nicht von ihrer Überzeugung ab. Bevor das Urteil verkündet wer-

▼ Bernhard von Clairvaux, der einflussreiche französische Kleriker, stand allen Formen der Häresie äußerst kritisch gegenüber.

den konnte, fiel eine wütende Menschenmenge über die beiden Ketzer her und verbrannte sie auf dem Scheiterhaufen.

Anders als andere häretische Gruppen waren die Katharer nicht nur antiklerikal, wie Heinrich von Lausanne oder die bunte Mischung von Predigern, die eine häufige Erscheinung des religiösen Lebens im 12. Jahrhundert waren. Sie waren auch gut organisiert, und die beiden Gruppen, die man in Köln entdeckt hatte, gehörten einer Kirche im Untergrund an, die Zeit gehabt hatte, sich zu formieren und sich gegen Rom und alles, was es repräsentierte, zu positionieren. Malcolm Lambert schreibt in diesem Zusammenhang, dass die Katharer »eine direkte Kampfansage für die römisch-katholische Kirche bedeuteten, die sie unverblümt als Kirche des Teufels bezeichneten«.

Plötzlich schien die neue Häresie allgegenwärtig zu sein. Ihr Aufstieg beunruhigte auch Bernhard von Clairvaux, der nach dem Erhalt von Eberwins Brief zwei Predigten verfasste, in denen er die Häretiker verurteilte. Er verglich sie mit den »kleinen Füchsen« im Hohelied 2,15: »Fangt uns doch die Füchse, die frechen kleinen Füchse. Sie wühlen nur im Weinberg, wenn unsre Reben blühn.« Bernhards Traktate enthalten die üblichen Vorwürfe: Er warnt vor der Schlauheit und Heimlichtuerei der Ketzer und beschuldigt sie sexueller und geistiger Verirrung. Das brutale Vorgehen der Bürger in Köln heißt er dennoch nicht gut: »Ihren Eifer [beim Aufdecken der Häresie] billigen wir, doch wir empfehlen keine Nachahmung ihrer Tat, denn Glaube muss durch Überredung verbreitet und darf nicht mit Gewalt aufgezwun-

▲ Die Katharer fassten zuerst in und um Köln Fuß – sehr zum Missfallen der Kirche.

In Köln nahm die Verfolgung der Katharer ihren Anfang, als eine Menschenmenge über zwei von ihnen herfiel und sie bei lebendigem Leib verbrannte.

gen werden.« Allerdings fügt er hinzu, »es wäre zweifellos besser, sie mit dem Schwert dessen, ‚der das Schwert nicht ohne Grund trägt‘, zu bezwingen, als ihnen zu gestatten, viele andere in ihren Fehlglauben hineinzuziehen.« Mit anderen Worten könne er es dulden, wenn die Leute zu Hause ihrem häretischen Glauben nachgingen, doch sollte es ihnen nicht gestattet sein, andere davon zu überzeugen. Als Bestrafung empfiehlt er in den schwerwiegendsten Fällen den Ausschluss aus der Kirche. In Anbetracht dessen, was im Languedoc Anfang des folgenden Jahrhunderts geschehen sollte, waren Bernhards Ansichten bemerkenswert human und tolerant. Hätte sich die Kirche an seinen Rat gehalten – immerhin war er damals einer ihrer einflussreichsten Vertreter – hätte die Geschichte vielleicht einen anderen Verlauf genommen.

Ein entscheidendes Auftreten

Bernhard besuchte das Languedoc 1145, weil er befürchtete, dass der Graf von Toulouse, Alfons I. Jordan, nicht genug tat, um die Ausbreitung der Häresie in seinen Ländereien zu unterbinden. Der berühmte Prediger stieß auf gemischte Reaktionen. Der erste Auftritt in Albi war vielversprechend. Der päpstliche Legat dort war nicht sonderlich beliebt, und Bernhard wusste, dass von seiner Überzeugungskraft viel abhing. Er griff Heinrich von Lausanne an, der sich damals im Gebiet von Albi aufhielt und dort etliche Anhänger hatte. Seine Predigt war ein voller Erfolg. Am Ende bat er alle, die die Kirche in Rom anerkannten, die Hand zu heben. Kein einziger ließ seine Hand unten. Bernhards Predigt bedeutete das Ende von Heinrichs Wirken im Languedoc.

◀ Bernhard von Clairvaux treibt einem Ketzer den Teufel aus.

▶ Nächste Seite: Minerve (im Hérault) ist ein typischer Ort in der hügeligen Landschaft des Languedoc.

Ein Land voller Häretiker

Ereignisse im Dorf Verfeil nordöstlich von Toulouse machten Bernhard jedoch deutlich, dass die Häresie immer noch sehr lebendig war. Er predigte in der dortigen Kirche, doch als er versuchte, außerhalb der Kirche eine weitere Predigt zu halten, schlugen die versammelten Ritter der Region so laut auf ihre Rüstungen, dass seine Worte in dem Lärm untergingen. Unter dem Hohngelächter der Einwohner verließ er die Stadt. Dieser Vorfall lässt sich dem Antiklerikalismus in dieser Region ebenso zuschreiben wie der Häresie, doch für Bernhard gab es nur eine Erklärung. Er kehrte aufgebracht in sein Kloster in der Champagne zurück und erklärte das gesamte Languedoc zu einem »Land voller Häretiker«, das vieler Predigten bedurfte.

Doch die notwendigen Predigten, die Bernhard verlangte, waren nicht verfügbar. Das Christentum musste sich zunächst mit dringenderen Angelegenheiten beschäftigen – dem Zweiten Kreuzzug, bei dessen Vorbereitung Bernhard selbst eine aktive Rolle spielte. Erst als der Kreuzzug schließlich Richtung Osten aufgebrochen war, versuchte Papst Eugen III., etwas gegen die zunehmende Verbreitung der Häresie zu unternehmen, und verfasste 1148 eine päpstliche Bulle mit dem Verbot, den Häretikern in der Gascogne, der Provence und anderswo zu helfen. 1157 saß der Erzbischof von Rheims einer Versammlung des Provinzrats vor, der eine Gruppe von Häretikern verdammte, die die Ehe ablehnten. Beim Konzil von Tours im Jahr 1163 hatte Papst Alexander III. den Vorsitz bei einer Versammlung von Kardinälen und Bischöfen inne, die Eugens Anweisungen aufgriffen und ein gegen die »Albigenser« und ihre Helfer gerichtetes Gesetz erließen – die so genannt wurden, weil die Häresie in der Stadt Albi besonders verbreitet war. Im selben Jahr hatte Hildegard von Bingen eine apokalyptische Vision, in der sie den Aufstieg der Katharer als Beweis dafür sah, dass der Teufel aus der Hölle entsprungen war. Nun konnte nur Zerstörung über die Menschheit kommen.

▶ Hildegards von Bingen apokalyptische Vision vom Aufstieg der Katharer vergrößerte die Besorgnis der katholischen Kirche.

Die lebenden Heiligen

Die Katharer oder »guten Christen« (lateinisch *boni christiani*), wie sie sich selbst nannten, müssen über die Dinge, die über sie gesagt wurden, entsetzt gewesen sein. Gerüchte, dass sie an satanischen Zeremonien teilnahmen, waren nicht mehr als das Produkt der Phantasie ihrer Kritiker. Die Kirche war eifrig bemüht, die Häretiker aller Bekenntnisse in den düstersten Farben darzustellen und griff zu diesem Zweck oft auf haltlose Klischees und Lügen zurück. Von den Juden wurde zum Beispiel behauptet, dass sie christliche Kinder stahlen und heimlich opferten. Die Katharer waren alles andere als satanisch. Viele ihrer Zeitgenossen hielten sie für bessere Christen als die Katholiken.

Doch die Katharer hoben sich nicht nur durch ihre Tugendhaftigkeit ab, sondern auch durch ihre Lehre, die sie zu einem guten Teil von den Bogomilen übernommen hatten. Der Katharismus war dualistisch und ging davon aus, dass die materielle Welt schlecht und die Schöpfung des Teufels selbst war. Der wahre Gott existierte in einer Welt des ewigen Lichts über dem finsteren Abgrund der menschlichen Existenz. Ebenso wie die Bogomilen lehnten die Katharer die katholische Kirche und alle ihre Sakramente ab. Ihr einziges Sakrament war das *Consolamentum*, eine Art der Taufe, das auf dem Totenbett verabreicht auch die letzte Ölung darstellte.

▼ Die Lehre von der Realpräsenz Christi in Brot und Wein wurde von den Katharern abgelehnt. Sie hielten die Wandlungszeremonie für allegorisch, ebenso wie viele moderne Christen.

Das einzige Gebet der Katharer und Bogomilen war das Vaterunser. Beide Bewegungen lehnten das Alte Testament (und seinen kriegerischen Gott) als satanisch ab und betrachteten die Kirche – katholisch im Westen, orthodox im Osten – als die Kirche des Teufels, die sie ohne Einschränkung verdammten. Kirchen, Kapellen und Kathedralen waren ihnen nicht heiliger als jedes andere Gebäude; keine der beiden Sekten errichtete Gotteshäuser. Stattdessen traf man sich in Privathäusern, Scheunen oder auf dem Feld. Antidualistische Propaganda aus dieser Zeit behauptete, dass ein bogomilischer Mönch Orthodoxie vortäuschte, eine Kirche am Ufer des Bosporus baute und hinter dem Altar eine Latrine errichtete, um ihn zu entweihen. In Toulouse soll ein Katharer eine Kirche betreten, auf dem Altar seine Notdurft verrichtet und sich danach mit dem Altartuch gesäubert haben.

Beide Glaubensbewegungen sahen das Kreuz als Instrument zur Folterung Christi und weigerten sich, es zu verehren. Sie legten die Eucharistie allegorisch aus und sahen im Wesen Christi, seinen Wundern, seinem Leiden und seiner Auferstehung nur eine Erscheinung. Die Ehe betrachteten sie als Unzucht und als ein Mittel, das Seelen in der materiellen Welt durch den unreinen Vorgang des Gebärens gefangen hielt. Über die Rolle der Frau in der bogomilischen Kirche gibt es keine Belege, doch die Katharer betrachteten Frauen als den Männern ebenbürtig und räumten ihnen die Möglichkeit ein, uneingeschränkt und auf allen Ebenen am Gemeindeleben teilzunehmen.

Die Struktur der katharischen Kirche lehnte sich an das bogomilische Modell an. Die Katharer teilten sich in drei Klassen: Sympathisanten, Gläubige (Credentes) und Vollkommene (Perfecti). Die Sympathisanten waren Menschen, die dem Glauben nahestanden, sich aber nicht seinen strengen Regeln unterwarfen. Sie hörten gelegentlich Predigten, die im Geiste der Evangelien standen, aber nicht

▼ Bogomilen und Katharer lehnten das Symbol des Kreuzes ab, das sie als ein Folterinstrument betrachteten.

mehr. Wenn sie sich entschieden, Gläubige zu werden, mussten sie an einer Zeremonie namens *Convenanza* teilnehmen, die sie offiziell an die katharische Kirche band. Gläubige machten den Großteil der Bewegung aus. Sie waren gewöhnliche Männer und Frauen mit gewöhnlichen Berufen und lebten in Städten oder Dörfern. Sie lebten nicht in klösterlicher Abgeschiedenheit, verzichteten auch nicht auf Fleisch, Wein oder Sexualität, waren also in der materiellen Welt verhaftet. Sie wurden angehalten, die Grundlehren des Evangeliums zu befolgen, einander zu lieben, ein Leben im Glauben zu führen und Gott zu suchen. Gläubige wurden nicht in die dualistische Lehre eingeführt, die den Vollkommenen vorbehalten war. Die Vollkommenen bildeten die höchste Hierarchiestufe der Katharer, die Priester der Bewegung. Während in den katholischen und orthodoxen Klöstern die Mönche oft in Saus und Braus leben, führten die Vollkommenen ein sehr asketisches Leben. Sowohl im katharischen als auch im bogomilischen Glauben genossen sie höchstes Ansehen: Sie galten als Verkörperung des Heiligen Geistes, als die lebendige Kirche selbst. Sie waren lebende Heilige.

▲ Die große Mehrheit der Katharer führte ein normales Leben und musste nicht auf weltliche Genüsse verzichten.

▶ Reue, wie sie im Markusevange-
lium zitiert wird, ist ein Grundpfeiler
des Katharismus.

Das *Consolamentum*

Im Zentrum des Katharismus stand der als *Consolamentum*
bezeichnete Taufritus, durch den ein Gläubiger ein Vollkommener werden und Erlösung erlangen konnte. Ohne diesen Ritus
war der Gläubige dazu verdammt, auch in seiner nächsten Inkar-
nation in der materiellen Welt zu bleiben. Das *Consolamentum* ist
in zwei Fassungen erhalten, eine auf Lateinisch aus der Zeit zwischen 1235 und 1250, die andere auf Okzitanisch (der Sprache des
Languedoc) aus dem ersten Jahrzehnt des 13. Jahrhunderts. Es ist
jedoch anzunehmen, dass beide auf das lateinische Original aus dem
12. Jahrhundert zurückgehen. Laut diesen Dokumenten begann die
Zeremonie, die von dem ältesten Katharer der Gemeinde geleitet
wurde, mit einem Segen, gefolgt vom gemeinsamen Beten des Vaterunser. Der Älteste las aus den ersten 17 Versen des Johannesevange-
liums. Darauf folgte, laut der okzitanischen Fassung, eine Reihe von

▼ Das Vaterunser der Katharer
erinnert mehr an die heutige Fassung als an die damals übliche.

Bitten um Vergebung. Der Älteste legte nun das
Buch – entweder das Neue Testament oder das
Johannesevangelium – auf einen mit einem Tuch
bedeckten Tisch und erklärte dem Gläubigen die
Bedeutung des Ritus. Nun folgte Zeile für Zeile
eine Exegese des Vaterunser. Der Älteste erinnerte
den Täufling an die Notwendigkeit der Buße und
zitierte Matthäus 6,15: »Wenn ihr aber den Menschen nicht vergebt, so wird euch euer Vater eure
Verfehlungen auch nicht vergeben.«

Manchmal wurde an dieser Stelle der Zeremonie eine Pause gemacht, die aber nicht zwingend
vorgeschrieben war. Als Nächstes kam das *Consolamentum* selbst. Der Älteste verkündete, die Taufe,
die der Gläubige nun durch Handauflegen erhalten
werde, sei »von der Zeit der Apostel bis heute erhal-

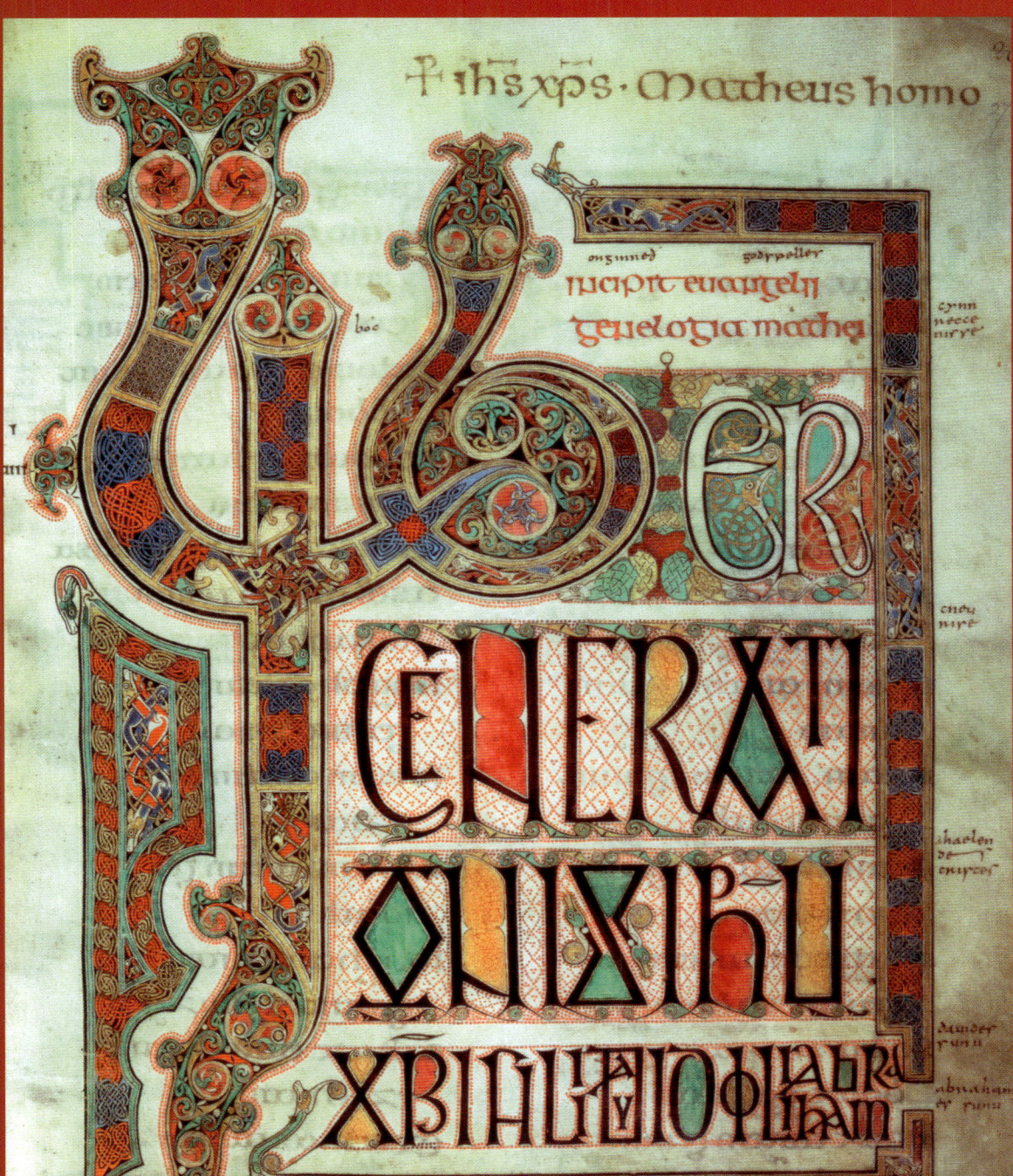

ten geblieben und von einem Guten Menschen zum nächsten weitergegeben worden bis zu diesem Augenblick, und dies wird weiterhin geschehen bis zum Ende der Welt.« Der Gläubige wurde aufgefordert, die Gesetze Christi einzuhalten und weder Ehebruch zu begehen noch zu lügen, einen Eid abzulegen oder zu stehlen. Er sollte allen, die ihn verfolgten, die andere Wange hinhalten und diese Welt und die Dinge dieser Welt verabscheuen. Der Gläubige gelobte, sich an diese Regeln zu halten, und entbot dem Ältesten das *Melioramentum*, den rituellen Friedensgruß, mit dem Gläubige die Vollkommenen ehrten. Dann nahm der Älteste das Buch vom Tisch und legte es auf das Haupt des Gläubigen, und alle anwesenden Vollkommenen legten ihre rechte Hand auf ihn. Die Zeremonie endete mit weiteren Bitten um Vergebung und dem Friedensgruß, bei dem alle Anwesenden einander auf die Wange küssten und auch das Buch küssten. Die »Tröstung« des Gläubigen war damit vollzogen: Er war nun ein Vollkommener.

▼ Trotz ihres scheinbar uneinnehmbaren Standorts wurde die Burg Queribus in der Zeit der Katharer mehrmals von rivalisierenden Parteien erobert.

Das Leben eines Vollkommenen

Es wurde erwartet, dass der neue Vollkommene sein Gelübde für den Rest seines Lebens einhielt. Der kleinste Fehltritt erforderte ein neues *Consolamentum* und machte alle Geisttaufen, die der Sünder bis dahin erteilt hatte, ungültig. Die Pflichten der Perfecti waren rigoros. Sie mussten 15 Mal pro Tag beten und montags, mittwochs und freitags fasten. Gebete mussten auch beim Reiten, beim Überqueren eines Flusses und beim Betreten des Hauses eines Gläubigen gesagt werden. Wenn die Perfecti, die üblicherweise zu zweit reisten, Gegenstände fanden, die jemandem gehörten, durften sie diese nur mitnehmen, wenn sie sicher waren, dass sie sie seinem rechtmäßigen Besitzer zurückgeben konnten. Wenn sie an einem Vogel oder Tier in einer Falle vorbeikamen, mussten sie diese freilassen, vorausgesetzt, dass sie den Jäger mit Geld oder einem Geschenk entschädigen konnten. Besuchten sie Gläubige, mussten die Perfecti sie und ihr Essen segnen und den Gläubigen für ihre Bemühungen ein Geschenk hinterlassen. Viele Gläubige warteten mit dem *Consolamentum* bis kurz vor ihrem Tod. In diesem Fall wurden das Tuch und das Buch auf das Bett des Gläubigen gelegt. Wenn sich der Gläubige danach wieder erholte, wurde ihm üblicherweise nahegelegt, zu einem späteren Zeitpunkt ein weiteres *Consolamentum* zu empfangen.

Einmal pro Monat mussten die Perfecti einer Region sich versammeln, um ihren Diakon zu treffen und ihre Sünden zu beichten, in einer Zeremonie, die als das *Apparellamentum* bezeichnet wurde. Dreimal pro Jahr mussten sie, wie Jesus in der Wüste, 40 Tage lang fasten: vom 13. November bis zum Heiligen Abend, von der *Quinquagesimae* (dem Sonntag vor dem Aschermittwoch) bis Ostern und von Pfingsten bis zum Fest der Apostel Peter und Paul am 29. Juni. Abgesehen von diesem asketischen Lebensstil waren die Vollkommenen auch an ihrer Kleidung erkennbar: Sie trugen schwarze, dunkelblaue oder dunkelgrüne Kutten mit einem Seil um die Taille.

▲ Die katharischen Perfecti befolgten auf Reisen oder während ihrer Besuche bei Gläubigen strenge Regeln, die vorschrieben, dass sie alle, mit denen sie in Kontakt kamen, gerecht und großzügig behandelten.

3 Die Ausbreitung des Katharismus

DER KATHARISMUS SCHIEN DEN MENSCHEN EINE MILDERE, GÜTIGERE VERSION DES CHRISTLICHEN GLAUBENS ZU SEIN, ALS DIE KATHOLISCHE KIRCHE IHN PREDIGTE, UND GELANGTE DESHALB SCHNELL ZU GROSSER POPULARITÄT.

Einleitung

Als die Kirche auf die Katharer aufmerksam wurde, waren zwei Dinge offensichtlich: Der Katharismus war bereits eine gut organisierte Kirche, und die Katharer schienen – ebenso wie die Publikaner und die Waldenser – überall zu sein und das Fundament der Kirche und der Gesellschaft zu untergraben. 1163 entdeckte man weitere Katharer in Köln, die wie ihre Glaubensbrüder 20 Jahre zuvor auf dem Scheiterhaufen verbrannt wurden. In England predigte eine Gruppe von Publikanern – möglicherweise Katharer unter einem anderen Namen – in Canterbury und Oxford und versuchte, Konvertiten zu gewinnen. Sie wurden öffentlich angeprangert, gebrandmarkt und in die eisige Kälte gejagt. Es war verboten, ihnen zu helfen oder sie über Nacht aufzunehmen. Alle Publikaner erfroren.

Im Jahr 1165 wurde eine Gruppe von Katharern in der Stadt Lombers südlich von Albi entdeckt. Die Kirche nahm die Bedrohung durch die Katharer sehr ernst. Die Häretiker wurden vor sechs Bischöfen, acht Äbten, dem örtlichen Vicomte und Konstanze, der Schwester des Königs von Frankreich, verhört. Die Katharer wussten, dass sie vorsichtig sein mussten. Die Nachricht von der Hinrichtung ihrer Glaubensbrüder in Deutschland hatte sie zweifellos erreicht. Angeführt von einem Vollkommenen namens Olivier ließen sie sich auf eine Debatte mit dem Klerus ein. Sie beantworteten alle Fragen scharfsinnig und bezogen sich häufig auf das Neue Testament. Doch als die Rede auf das Schwören von Eiden kam, konnten sie sich nicht verstellen, denn es gehörte zu den Grundprinzipien der Katharer, dies unter keinen Umständen zu tun. Sie beriefen sich auf die Bibel und zitierten Matthäus 5,33–37: »Ich aber sage euch: Schwört überhaupt nicht; weder bei dem Himmel, denn er ist Gottes Thron, noch bei der Erde, denn sie ist seiner Füße Schemel; ... Es sei aber eure Rede: Ja, ja! Nein, nein! Was aber mehr ist als dieses, ist vom Bösen.«

Im Mittelalter war das Schwören von Eiden die übliche Art, eine Vereinbarung zu besiegeln, zwischen Herr und Vasall, zwischen Kirche und Staat. Ein Eid kam einem rechtlich verbindlichen Vertrag nahe, und die Weigerung, einen Eid zu schwören, war ein Akt größter Subversion. Olivier und die anderen Kathar er begannen, die Kirche heftig zu kritisieren, prangerten sie als heuchlerisch an und beschuldigten die versammelten Bischöfe, kaum besser als gierige Wölfe zu sein. Dennoch kamen die Katharer in Lombers ungeschoren davon. Der Antiklerikalismus war im Languedoc sehr ausgeprägt, und zweifellos gab es an diesem Tag viele Menschen in Lombers, die die Katharer zwar nicht unbedingt unterstützten, aber auch nicht auf dem Scheiterhaufen sehen wollten. Eine derartige Toleranz gegenüber Häretikern blieb nicht unbemerkt und sollte bald für Schwierigkeiten sorgen.

▼ Dieser Stich aus dem 17. Jahrhundert zeigt die Massenverbrennung von Katharern 1163.

Das Konzil von St. Félix

Die theologische Disputation in Lombers war unbedeutend im Vergleich zu der Versammlung von Katharern, die zwei Jahre später in dem Dorf Saint-Félix de Caraman im Lauragais, südlich von Toulouse stattfand. Sie wurde als »die imposanteste Versammlung in der Geschichte der Katharer« bezeichnet und war ein internationales Symposium von Katharern aus ganz Europa, einschließlich einer Delegation aus dem Osten. Der Zweck dieses Zusammentreffens waren anscheinend eine Neuorganisation der katharischen Kirche und die Entscheidung wichtiger Fragen wie die Schaffung neuer Bistümer, die Demarkation von Diözesangrenzen und die Ernennung neuer Bischöfe.

Den Vorsitz über das Konzil hatte der enigmatische Papa Nicetas. Er war aus der Lombardei angereist und wurde offensichtlich mit größtem Respekt behandelt. Das Wort Papa ist lateinisch und bedeutet Papst, aber es ist nicht sicher, ob er einer der sagenhaften häretischen Antipäpste vom Balkan war, die die Kirche so sehr fürchtete. Höchstwahrscheinlich war er ein Bischof der bogomilischen Kirche in Konstantinopel, obwohl es auch Vermutungen gibt, dass er einfach ein charismatischer Prediger war, der den westlichen Hunger nach östlicher Weisheit stillte. Sicher ist jedoch, dass Nicetas eine tiefgreifende Veränderung des Katharismus im Languedoc bewirkte.

Wenn es stimmt, dass ein bogomilischer Bischof den Vorsitz über eine so wichtige Zusammenkunft der Katharer hatte, dann ist dies der erste konkrete Beweis für die Verwandtschaft der beiden Häresien. Trotz der vielen Gemeinsamkeiten gibt es vor dem Zusammentreffen in Saint-Félix keine Beweise, die die beiden in Verbindung bringen. »Laut den erhaltenen Aufzeichnungen«, schreibt Malcolm Lambert, »hat kein Bogomile jemals [im Westen] gepredigt, eine Gruppe von Neubekehrten angeführt oder Schriften verbreitet.« Wie die Bogomilen ihren dualistischen Glauben im Westen verbrei-

▶ Kreuzritter, die aus dem Heiligen Land zurückkehrten, brachten viele neue Ideen von den Menschen mit, die sie dort und unterwegs trafen, darunter auch byzantinische Mönche, die Bogomilen waren und an den Dualismus glaubten.

▲ Der hl. Benedikt verteilt
Geschenke an die wahren Christen
als Belohnung für ihre Glaubens-
treue.

teten, bleibt ein Rätsel. Es wird unter anderem vermutet, dass häretische byzantinische Mönche den Bogomilismus auf Pilgerreisen in
den Westen brachten, doch wo sie Fuß fassten, ist reine Spekulati-
on. In Palermo in Sizilien scheinen die Bogomilen um 1082 einen
Stützpunkt gehabt zu haben, möglicherweise weil sie vor den Ver-
folgungen zu Hause hierher geflüchtet waren. Doch das sind alles
nur Vermutungen: Die Bogomilen gehören zu den mysteriösesten
mittelalterlichen Sekten, und der Mangel an konkreten Beweisen für
ihre Tätigkeit im Westen lässt sie fast wie ein Phantom wirken.

Der Katharismus hatte sich schon einige Jahrzehnte entwickeln
können, bevor die Kirche 1143 auf ihn aufmerksam wurde. Trotz seiner bogomilischen Wurzeln war er »dem Osten niemals untergeord-
net: Schon die ersten Belege für seine Existenz machen deutlich, dass
er eine westliche Glaubensbewegung ist und ein ausgeprägtes Eigenle-
ben entwickelt«, wie es ein Kommentator formulierte. Der katharische
Glaube, wie Nicetas ihn 1167 vorfand, breitete sich schnell aus, und
das Zusammentreffen in Saint-Félix bot die Gelegenheit, Ordnung in
die Organisation zu bringen. Die rasch wachsende Diözese von Toulouse wurde aufgeteilt: Toulouse, Carcassonne und entweder Agen
oder Val d'Aran wurden Bistümer, und die Grenze zwischen Toulouse und Carcassonne wurde festgelegt. Das Verfahren der Bischofswahl

blieb jedoch unverändert: Jeder Bischof musste zwei Bischofsanwärter unter sich haben, einen *Filius major* und einen *Filius minor* (älterer und jüngerer Sohn). Wenn der Bischof starb, in den Ruhestand ging oder zurücktrat, wurde der *Filius major* automatisch zum nächsten Bischof und der *Filius minor* zum *Filius major*. Dann wurde ein neuer jüngerer Sohn gewählt. Dieses System half, die Einheit der katharischen Kirche aufrechtzuerhalten, und im Fall der Kirche des Languedoc, sie zu einen und zu stärken. Im Gegensatz zur katholischen Kirche gab es keine langwierigen Streitigkeiten über Nachfolge und Wahl von Würdenträgern.

Das Konzil von Saint-Félix

Im Lauf des Konzils von Saint-Félix ließ Nicetas eine Bombe platzen. Die Katharer aus dem Languedoc gingen auf den *Ordo* (die Herrschaft) der bulgarischen Kirche zurück, die gemäßigte Dualisten waren. Nicetas eröffnete seinen Zuhörern jedoch, dass der *Ordo* von Bulgarien seine Gültigkeit verloren hatte, da die Person oder die Personen, von denen die Katharer aus dem Languedoc ursprünglich ihr

▼ Um ein ketzerisches Buch zu erkennen, warf man es ins Feuer: Ein »gutes« Buch würde über den Flammen schweben, ein »verwerfliches« verbrennen.

▼ Das von Nicetas von Konstantinopel angeregte Bekenntnis der Katharer zum *Ordo* von Dragowitsa machte ihren Zusammenstoß mit der Kirche in Rom unausweichlich.

Consolamentum erhalten hatten, sündig geworden waren. Das bedeutete, dass alle Perfecti, die sich in Saint-Félix versammelt hatten, nicht länger Vollkommene waren. Das war eine Angelegenheit von großer Tragweite: Als Kritiker der katholischen Kirche im 11. und 12. Jahrhundert zur Reform aufriefen, war das moralische Leben des katholischen Klerus einer ihrer größten Kritikpunkte, und die Katharer waren stolz darauf, dass die Perfecti, im Gegensatz zu vielen katholischen Priestern, heilig waren. Sie praktizierten, was sie predigten. Wenn der Vollkommene, der das *Consolamentum* erteilt hatte, sich als Sünder erwies, auch wenn es sich nur um eine kleine Unachtsamkeit handelte, musste das *Consolamentum* erneut erteilt werden. Nicetas hatte eine Lösung für das Problem. Seine Kirche in Konstantinopel lebte nach dem *Ordo* der Kirche von Dragowitsa, und er schlug vor, dass alle diesen *Ordo* annähmen. Zwischen der Kirche von Bulgarien und der von Dragowitsa gab es einen wesentlichen Unterschied: Die letzteren waren absolute Dualisten und in den Augen Roms noch gefährlichere Ketzer als die gemäßigten. Nachdem die Delegierten in Saint-Félix die Sache untereinander diskutiert hatten, beschlossen sie, den *Ordo* von Dragowitsa anzunehmen.

Katharer in Italien

Nicetas reiste in Begleitung italienischer Katharer nach Saint-Félix. Wie in vielen Ländern Europas war auch in Italien der Antiklerikalismus weit verbreitet. Arnolds von Brescia Kampagne gegen den Papst endete mit seiner Hinrichtung im Jahr 1155. Dennoch blieb die Lage auf der italienischen Halbinsel instabil. Das Papsttum steckte in einem Konflikt mit dem Kaiser des Heiligen Römischen Reichs, Friedrich Barbarossa, und einer Reihe von ihm unterstützter Antipäpste. Die Situation wurde durch den Einfluss der Pataria verschärft, einer Gruppe von reformorientierten Geistlichen, die die Ausschweifungen eines vorwiegend aristokratischen Klerus unter Gregor VII. ablehnten. Wie ihre Brüder nördlich der Alpen forderte die Pataria einen moralisch integeren Klerus und verurteilte seinen Reichtum und seine Privilegien. Die Pataria blieb auch nach der Auflösung der Bewegung populär, und die Zeit schien reif für einen Nachfolger von Arnold von Brescia.

Laut dem Inquisitor und Chronisten des 13. Jahrhunderts Anselm von Alessandria gelangte der Katharismus aus Nordfrankreich nach Italien. Um 1160 traf ein »gewisser Notar« aus dieser Gegend einen Totengräber namens Markus in Concorezzo, nordöstlich von Mailand. Markus, offensichtlich begeistert von dem neuen Glauben, von dem ihm der französische Notar erzählt hatte, berichtete seinen Freunden davon, Johannes Judeus, einem Weber, und Joseph, einem Schmied. Bald gab es eine kleine Gruppe von Interessenten in Mailand, und sie baten den Notar aus Frankreich um weitere Auskünfte über den Glauben. Er riet ihnen, nach Roccavione zu gehen, ein Dorf an der Straße, die über die Alpen nach Nizza führte. Dort hatte eine Gruppe von Katharern aus Nordfrankreich, die dem *Ordo* von Bulgarien folgte, eine kleine Gemeinde gegründet. Mar-

▲ Der heilige römische Kaiser Friedrich I. Barbarossa lag während der gesamten Amtszeit von Gregor VII. mit der Kirche im Streit.

▶ Nächste Seite: Die Scaliger-Burg, eine katharische Festung in Malcesine, Veneto, Italien.

► Anselm von Alessandria, ein italienischer Chronist und aktiver Inquisitor von Häretikern, war überzeugt, dass sich der Katharismus von Frankreich nach Italien ausgebreitet hatte.

kus erhielt das *Consolamentum* und kehrte nach Concorezzo zurück, wo er eine katharische Kirche gründete und zu predigen begann. Er sammelte Anhänger und verbreitete die Botschaft im Treviso und der Toskana. Es ist anzunehmen, dass auch Johannes Judeus und Joseph das *Consolamentum* erhielten und Prediger wurden. Im Treviso (auch als Kirche von Vicenza bekannt), in Desenzano, Florenz, Val del Spoleto und Bagnolo (auch als Kirche von Mantua bezeichnet) wurden weitere katharische Kirchen gegründet.

Einige Zeit vor dem Konzil von St. Félix tauchte Nicetas in Italien auf. Doch während seine Mission im Languedoc einigend wirkte, führte sie hier zur Spaltung. Auch Markus und seiner Gruppe eröffnete er, dass ihr *Consolamentum* ungültig sei, weil der Perfectus, der es ihnen erteilt hatte, sündig geworden war. Nicetas spendete

Markus und seinen Glaubensbrüdern erneut die Geisttaufe, und die Gruppe begleitete ihn ins Languedoc. Nach dem Konzil von Saint-Félix kehrte Nicetas vermutlich nach Konstantinopel zurück. An seine Stelle trat ein anderer östlicher Bischof, Petracius von der Kirche von Bulgarien. Von ihm musste Markus erfahren, dass Simon, der Bischof der Kirche von Dragowitsa, der Nicetas das *Consolamentum* erteilt hatte, mit einer Frau ertappt worden sei. (Andere glauben jedoch, dass Nicetas selbst gesündigt hatte, und stützen damit die Theorie, dass er ein Scharlatan war.)

Markus war fest entschlossen, ein gültiges *Consolamentum* zu empfangen, und brach nach Osten auf. Bei seiner Rückkehr, noch bevor er Concorezzo erreichte, wurde er gefangen genommen. Johannes Judeus gelang es, im Gefängnis mit ihm zu sprechen und

▲ Mosio, wo ein Konzil einberufen wurde, um die Differenzen zwischen zwei Katharerfraktionen auszuräumen, liegt in dem Gebiet zwischen Mantua und Cremona in Norditalien.

das *Consolamentum* von ihm zu empfangen. Johannes Judeus wurde jedoch nicht von allen italienischen Katharern unterstützt, und einige gründeten eine neue Gruppe unter Peter von Florenz. Beide Gruppen schickten Abgesandte zum Bischof der Katharer von Nordfrankreich, auf die alle italienischen Katharer zurückgingen, der den Streit schlichten sollte. Der Bischof erklärte, dass die Angelegenheit durch das Los entschieden werden sollte, ein Vorgehen, das aus der Geschichte der Apostel bekannt war, in der die Jünger auf diese Weise Judas' Nachfolger bestimmten. Der Gewinner sollte nach Osten gehen, erneut das *Consolamentum* erhalten, nach Italien zurückkehren und die katharische Kirche vereinen. Der Plan wurde von Peter von Florenz verworfen, der verärgert erklärte, er würde die Wahl durch das Los nicht anerkennen. Durch diese Weigerung verlor er an Unterstützung, und Johannes Judeus wurde für die Reise in den Osten auserwählt. Ein Teil von Peters Fraktion protestierte jedoch gegen diese Entscheidung, und Johannes Judeus trat zurück, weil er keine weiteren Zwistigkeiten verursachen wollte.

Ein neuer Konflikt

Um der Situation Herr zu werden, wurde ein Konzil in Mosio einberufen, einem Ort zwischen Mantua und Cremona. Hier sollte jede Gruppe einen Kandidaten aus der anderen Fraktion vorschlagen. Die Wahl fiel auf Garattus aus der Gruppe von Johannes Judeus und auf Johannes de Judice aus Peters Gruppe. Diesmal wurde tatsächlich gelost und Garattus gewann. Rasch wurde seine Reise in den Osten vorbereitet. Er wählte seine Reisebegleiter aus, und es wurde

Geld für die Reise gesammelt. Doch als Garattus und seine Begleiter gerade aufbrechen wollten, behaupteten zwei Informanten, dass
er mit einer Frau zusammengewesen sei. Der fragile Frieden brach,
und der italienische Katharismus blieb gespalten. Desenzano blieb
dem *Ordo* von Dragowitsa – und damit Nicetas – treu und wurde
zu einer Hochburg des absoluten Dualismus. Concorezzo, die Kirche von Markus dem Totengräber, kehrte zum *Ordo* von Bulgarien
und dem gemäßigten Dualismus zurück. Die Kirche in der Mark
von Treviso schlug den Mittelweg ein und sandte ihren Kandidaten
zur *Ecclesia Sclavoniae,* die sich aus dem Streit zwischen der Kirche
von Bulgarien und der von Dragowitsa heraushielt. Im Gegensatz zu
den Katharern im Languedoc sollten die italienischen Kirchen ihren
Streit bis zum Ende der Bewegung nicht beilegen.

▼ Treviso in Italien, wo die Katharer
einen Mittelweg zwischen den
Lehren der Kirche von Bulgarien und
der von Dragowitsa einschlugen.

4 Die Verfolgung

IM LAUF DES 12. JAHRHUNDERTS FAND DER KATHARISMUS IM LANGUEDOC GROSSE VERBREITUNG. ALS INNOZENZ III. 1198 PAPST WURDE, WAR DER KIRCHE KLAR, DASS SIE DIESE HÄRESIE AN DER WURZEL PACKEN UND AUSMERZEN MUSSTE.

Einleitung

Im Jahr 1200 war das Languedoc eine blühende und wohlhabende Region. Kaum eine andere Gesellschaft in Europa war so weltoffen und kultiviert: In den Städten Toulouse und Carcassonne blühte der Handel, und in Hinblick auf Größe und Kultur wurde Toulouse nur von Rom und Venedig in den Schatten gestellt. Die Künste erlebten eine Renaissance, die Ideale der höfischen Liebe wurden in den Liedern und Gedichten der Troubadoure gepriesen. Auffallend war auch die religiöse Toleranz; besonders Juden genossen Freiheiten, die ihnen anderswo versagt wurden. Auch der Katharismus war ein Teil dieser vielfältigen sozialen Struktur. Anfang des 13. Jahrhunderts war der Glaube im gesamten Languedoc verbreitet. Ermutigt durch Nicetas' Besuch hatten sich die Perfecti seit mehr als einer Generation unablässig darum bemüht, die dualistische Lehre im ganzen Süden zu verbreiten und ein häretisches Reich zu schaffen, das sich von der Provence bis Aragón erstreckte. Ihr Erfolg war nicht

▼ Toulouse war in der Zeit der Katharer eine einflussreiche Stadt, die nur von Rom und Venedig übertroffen wurde.

nur ein Tribut an den Mut und den Glauben der Perfecti, sondern auch an die ein-
zigartige Lebensart des Languedoc und
seiner Bewohner in dieser Blütezeit seiner
Geschichte.

Der Name Languedoc leitet sich von
langue d'oc (die Sprache des Ja) ab, denn
in der Sprache dieser Region, Okzitanisch,
hieß »ja« *oc*, und nicht *oui* wie im Französischen, wie es im Norden, in der Region der Île-de-France
gesprochen wurde. Die Macht im Languedoc teilten sich die
Grafen von Toulouse, Foix und Comminges und die Vicomtes von
Béziers und Carcassonne.

▲ Raymond IV. von Toulouse nimmt
das Kreuz in der Kirche Saint-Gilles
du Gard, wo Jahre später sein Nach-
fahre, Raymond VI., gegeißelt und
öffentlich gedemütigt werden sollte.

Der mächtigste unter ihnen war Raymond VI., der Graf von Toulouse. Sein Hof war eine
kaleidoskopische Mischung von Katholiken, Katharern und Juden. Seine Freunde, wie der
Historiker Stephen O'Shea schreibt, »zeichneten sich nicht durch Frömmigkeit aus«. Raymond hatte seinen Titel 1194 von seinem Vater, Raymond V., geerbt. Seine Eltern scheinen in Glaubensfragen entgegengesetzte Standpunkte vertreten zu haben: Raymonds Mutter, Konstanze, war 1165 in Lombers dabeigewesen, als die Katharer ihren katholischen
Gegnern die Stirn boten, während sein Vater 1177 eine Gruppe von Geistlichen eingeladen
hatte, um die Häresie in seinen Ländern zu untersuchen. Damals waren sie zu dem Schluss
gekommen, dass es unmöglich sei, den Katharismus im Languedoc auszurotten. Der eine
Katharer, den sie dann doch verurteilten, wurde nach Jerusalem geschickt, um dort Buße zu
tun. Bei seiner Rückkehr nach Toulouse wurde er wie ein Held empfangen und erhielt eine
gut bezahlte Stelle. Wie schon Bernhard von Clairvaux festgestellt hatte, war das Languedoc
ein »Land voller Häretiker«, und der Respekt für die Kirche war denkbar gering.

◄ Vorherige Seite: Die Landschaft des Languedoc hat sich seit der Zeit der Katharer kaum verändert, und viele der historischen Stätten sind erhalten geblieben.

▼ Raymond VI. saß einem liberalen Gericht in Toulouse vor, das viele verschiedene Gruppen tolerierte, darunter auch die Katharer.

Die Kirche auf Rückzug

In den ersten Jahren von Raymond VI. als Graf von Toulouse waren katholische Geistliche zutiefst unbeliebt: Sie waren nachlässig bei der Ausübung ihres Amtes, und es gab Kirchen, wo die Messe seit Jahren nicht gefeiert worden war. Es gab im Languedoc sogar den Ausspruch: »Da wäre ich lieber Priester«, wenn die Leute um etwas gebeten wurden, das sie nicht tun wollten. Der Bischof von Toulouse, Raymond von Rabastens, war ein berüchtigtes Beispiel. Er war vor allem dafür bekannt, dass er auf Kircheneigentum Hypotheken aufnahm, um einen Privatkrieg gegen seine eigenen Vasallen zu führen. Auf diese Weise führte Raymond die Diözese in den Bankrott. Zu seinem Nachfolger wurde der fähigere Fulk von Marseilles ernannt, ein ehemaliger Troubadour, dem man als Einzigem zutraute, das Hornissennest im Languedoc in den Griff zu bekommen. Die finanzielle Lage der Diözese war so katastrophal, dass Fulk, als er sein Amt antrat, nicht einmal wagte, seine Maultiere zur Tränke zu schicken, da er fürchtete, sie würden von Gläubigern beschlagnahmt werden.

Interventionen durch den Adel unterminierten die Kirche nur noch mehr. Ein Beispiel dafür sind die Taten der Trencavels – Rivalen der Familie von Raymond VI., den Saint-Gilles: Im Jahr 1178 ließen sie den Bischof von Albi unter fadenscheinigen Anschuldigungen verhaften und ins Gefängnis werfen, um im darauffolgenden Jahr vom Kloster von Saint-Pons-de-Thomières einen hohen Geldbetrag zu kassieren. Im Jahr 1197 fochten sie die Wahl eines neuen Abts in Alet an, im Hochland des Languedoc. Ihr Vermittler in dem Streit, Bertrand de Saissac (mehrere Mitglieder seiner Familie waren Perfecti), ließ den Leichnam des letzten Abts ausgraben und auf einen Stuhl setzen. Dann fragte er ihn, wer sein Nachfolger sein solle. Als eine Marionette der Trencavel das Amt übernahm, wurde der verstorbene Abt in sein Grab zurückgelegt.

Inmitten dieses Chaos verbreiteten die Katharer ohne viel Aufsehen ihren Glauben. Während Raymond VI., die Trencavels und Ihresgleichen Priester peinigten oder untereinander Territorialkriege führten, etablierten sich die »Guten Christen« im ganzen Languedoc. Ein Grund für ihren Erfolg war ihr Respekt für Frauen, die im Languedoc generell einen höheren Status genossen als in den meisten anderen Teilen Europas. Obwohl Männer die größten Landbesitzer waren, durften auch Frauen Eigentum besitzen und damit ihren Status in der Gesellschaft verbessern. Auch die Katharer sahen die Geschlechter als gleichberechtigt, und Frauen konnten ebenso wie Männer Vollkommene werden. Die katholische Kirche hatte nichts dergleichen zu bieten. Insofern war für eine Frau im Languedoc des 13. Jahrhunderts der katharische Glaube deutlich attraktiver als der katholische. Frauen spielten deshalb eine entscheidende Rolle bei der Errichtung eines Netzwerks von Katharerhäusern im Languedoc. Einige davon, wie die Häuser in Laurac und Villemur, waren sogar nur Frauen vorbehalten.

▼ Die Kirche der hl. Maria Magdalena beherrscht auch heute noch das Stadtbild von Albi, einem der wichtigsten Zentren des Katharismus.

Innozenz III., der 1198 Papst wurde, war entschlossen, die Häresie im Languedoc und in anderen Gebieten auszurotten.

Innozenz III.

Die Ernennung von Fulk von Marseilles zum Bischof des verarmten Bistums von Toulouse war Teil eines größeren Reformplans des neuen Papstes, Innozenz III. Der 1160 als Lotario dei Conti di Segni geborene Innozenz studierte Theologie in Paris und Recht in Bologna, bevor er Priester wurde. Sein rascher Aufstieg in der Kirche erreichte seinen Höhepunkt, als er am 22. Februar 1198 zum Papst gekrönt wurde. Es war das Ende eines langen und oft katastrophalen Jahrhunderts für die Kirche: Von den 16 Päpsten, die im 12. Jahrhundert regierten, beendeten elf ihr Pontifikat nicht in Rom, aus dem sie vor Häretikern wie Arnold von Brescia, Aufrührern und ausländischen Königen geflüchtet waren. Das Papsttum befand sich auch in fortwährendem Konflikt mit den Herrschern des Heiligen Römischen Reichs. Friedrich Barbarossa hatte Rom besonders zugesetzt, bis seine Herrschaft ein Ende fand, als er während des dritten Kreuzzugs beim Überqueren eines Flusses ertrank. Innozenz war sich der Schwierigkeiten seiner Vorgänger wohl bewusst und fest entschlossen, kein ähnliches Schicksal zu erleiden.

Die Situation im Languedoc in den Griff zu bekommen, war Innozenz von Anfang an ein großes Anliegen. Schon vor seinem Amtsantritt hatte es immer wieder Versuche gegeben, die Häresie zu unterdrücken. Abgesehen von der Delegation, die 1177 der Einladung von Raymond V. gefolgt war, hatte das Dritte Laterankonzil im Jahr 1179 das Thema Häresie diskutiert und beschlossen, dass sie nur unter Anwendung von Gewalt ausgerottet

▼ Friedrich I. Barbarossa, Kaiser des Heiligen Römischen Reichs; die Szene zeigt ihn, wie er auf der Heimreise von den Kreuzzügen beim Versuch, einen Fluss zu durchqueren, ertrinkt.

▶ Die Verfolgung der Katharer ließ nach, als die Kirche nach der Eroberung Jerusalems durch Saladin ihre Aufmerksamkeit auf das Heilige Land richtete.

werden konnte. Von größerer Bedeutung war die auf Italien und das Languedoc gemünzte päpstliche Bulle *Ad abolendam*, die 1184 von Papst Lucius III. veröffentlicht wurde, denn sie war der erste direkte Versuch, das Problem der Häresie in den Griff zu bekommen. Sie verurteilte verschiedene Sekten – darunter auch die Katharer – und wies den Klerus an, Gemeinden, in denen Häresie vermutet wurde, jährlich einen Besuch abzustatten. Allerdings hatte das Christentum vorerst dringendere Probleme zu bewältigen. Die Situation im lateinischen Osten verschlechterte sich, und im Jahr 1187 mussten die Kreuzritter den Truppen Saladins weichen. Jerusalem wurde am 2. Oktober dieses Jahres von einer muslimischen Armee erobert.

Im Vergleich mit diesem Desaster schien die Häresie zu Hause von geringer Bedeutung.

Dennoch war Innozenz bewusst, dass er rasch handeln musste, um eine weitere Verschlechterung der Situation im Languedoc zu verhindern. In einem Brief beschrieb er den Klerus von Narbonne als »Männer, die für Geld alles tun würden ... eifrig in der Gier, Liebhaber von Geschenken, Suchende von Belohnungen«. Innozenz hatte keinen Zweifel, wer der größte Frevler war: »Der Hauptgrund für all dieses Übel ist der Erzbischof von Narbonne, dessen Gott Geld ist, dessen Herz in seiner Schatzkammer ist, dem es einzig um Gold geht.« Innozenz versuchte, Raymond VI. zu versöhnen, indem er die Exkommunikation wieder aufhob, die 1195 Innozenz' Vorgänger, Coelestin III., über ihn verhängt hatte. Raymond schien nicht sehr beeindruckt, also ging Innozenz dazu über, dem Grafen von Toulouse Briefe zu schreiben, in denen er ihn drängte, gegen die Katharer vorzugehen.

▼ Als die Kirche ihre Aufmerksamkeit wieder auf die Katharer richtete, wurde die Verfolgung großteils von den Mönchen der Abtei von Fontfroide koordiniert, die hier abgebildet ist.

Häresie wird zum Verrat

Raymond war entweder nicht in der Lage oder nicht gewillt, die Katharer zu verfolgen, doch Innozenz hatte noch andere Mittel zur Verfügung. Im April 1198, nur zwei Monate nach seiner Ernennung zum Papst, beauftragte Innozenz die Zisterzienser, im Languedoc zu predigen, mit dem erklärten Ziel, die Häretiker in den Schoß der Kirche zurückzuholen. Am 25. März 1199 veröffentlichte er die Bulle *Vergentis in senium*, die Häresie mit dem römischen Verbrechen des Verrats gegen den Kaiser gleichsetzte und an das kaiserliche Statut *Lex quisquis* von 397 n. Chr. anschloss. Die Strafe für Häresie sollte die

Konfiskation des Eigentums und die Enterbung der Nachkommen sein; ebenso verfiel das Recht, zu wählen und ein öffentliches Amt innezuhaben. Wenn die Häretiker Geistliche waren, wurden ihnen die Pfründe gestrichen. Waren sie Rechtsgelehrte, wurde ihnen verboten, das Richteramt zu bekleiden. Obwohl die Bulle ursprünglich auf Italien abzielte, besonders auf Viterbo, wo die Katharer militant und aggressiv waren, plante Innozenz, die *Vergentis* auf andere Länder auszudehnen, sobald die Umstände es erlaubten. Im folgenden Jahr schlug Innozenz dem König von Ungarn vor, die *Vergentis* gegen Häretiker in Bosnien zu verwenden.

◄ Papst Innozenz III. exkommuniziert die Albigenser und ruft zu einem Kreuzzug gegen alle Katharer auf.

Ein Unternehmen des Friedens und Glaubens

Innozenz beschloss 1203, seine ersten Gesandten – einen gewissen Johannes von St. Paul und seinen Begleiter – durch drei neue zu ersetzen. Alle drei waren aus dem Süden: Arnold Amaury war der Abt von Cîteaux, seine beiden Kollegen aus dem Kloster von Fontfroide. Peter von Castelnau, ursprünglich zum Rechtsgelehrten ausgebildet, war höchst unbeliebt und erhielt auf seiner Reise im Süden mehrere Morddrohungen. Der dritte Zisterzienser, Bruder Ralph, war anscheinend der Verträglichste von den dreien und musste manchmal sein gesamtes diplomatisches Geschick einsetzen, um den von Peter verursachten Schaden einzudämmen. Sie waren allgemein verhasst und sollten bei den kommenden Ereignissen eine entscheidende Rolle spielen. Innozenz bezeichnete ihren Auftrag als *negotium pacis et fidei* – ein Unternehmen des Friedens und Glaubens.

Zunächst versuchten die drei Legaten, die Aristokraten der Region zu zwingen, der Kirche einen Treueid zu schwören und Gesetzen gegen die Katharer zuzustimmen. Wer dieser Aufforderung nicht nachkam, würde sofort exkommuniziert werden. Toulouse, Montpellier, Arles und Carcassonne gingen alle auf die von den Legaten vorgeschlagenen Maßnahmen ein – zumindest im Prinzip. Raymond VI. zögerte jedoch, da die antihäretischen Statuten seine Rechte als Graf einschränkten. Vorerst tat er das, was er in Bezug auf die Verfolgung der Katharer schon immer getan hatte: nichts.

▼ Peter von Castelnau, ein Mönch und päpstlicher Legat, wurde mit der Vernichtung der katharischen Häresie beauftragt.

Die zweite Taktik des Trios bestand darin, Katharer zu öffentlichen Debatten über die Lehre einzuladen. Arnold, Peter und Ralph hofften, dass sie auf diese Weise das Volk für sich gewinnen würden, wie es dem hl. Bernhard in Albi gelungen war. Die erste Debatte zwischen 13 Katharern und 13 Katholiken wurde 1204 in Carcassonne abgehalten. Der Schwager von Raymond VI., König Peter von Aragón, fungierte als Schiedsrichter. Beide Seiten legten ihre Positionen eloquent dar, und die Debatte endete ohne klares Ergebnis. Die päpstlichen Gesandten konnten die Katharer weder in Ketten legen noch auf dem Scheiterhaufen verbrennen lassen und verließen Carcassonne frustriert.

Nach der Debatte in Carcassonne wurde die Lage der Legaten schwierig. Sie waren verhasst: Die Katharer betrachteten sie als Diener des Teufels, und dem Klerus war ihre Anwesenheit ebenfalls nicht angenehm, da sie in ihnen eine Bedrohung ihres üppigen und bequemen Lebensstils sahen. Die Adeligen betrachteten ihre Anwesenheit als unerwünschte Einmischung von außen, als Versuch, die Sitten Roms in ein Land zu bringen, das sie nicht brauchte. Peter von Castelnau war wütend über diese Reaktionen und reichte 1205 seinen Rücktritt ein. Innozenz lehnte ab. Obwohl er es nicht wusste, hatte er damit Peters Todesurteil unterzeichnet.

Und so setzten die drei Männer ihren Auftrag fort, reisten kreuz und quer durch das Languedoc, hielten den Adeligen Strafpredigten und debattierten mit den Katharern – alles umsonst; die Häresie war zu tief in dieser Region verwurzelt. Im Frühjahr 1206 kamen die drei Zisterzienser in Montpellier erschöpft zu dem Schluss, dass sie versagt hatten. Sie befanden sich tatsächlich in einem Land voller Häretiker,

▲ Bernhard von Clairvaux gelang es zwar, die Bewohner von Albi gegen die Katharer einzunehmen, nicht aber die Einwohner von Verfeil.

die den hl. Bernhard und nun auch die drei Legaten besiegt hatten und sie aller Voraussicht nach überleben würden. Doch plötzlich begann das Blatt sich zu ihren Gunsten zu wenden. Sie trafen zwei Spanier, Diego de Acebo, Bischof von Osma, und seinen jüngeren Subprior, Domingo de Guzmán. Diego und Domingo erzählten den Zisterziensern, dass sie die Perfecti selbst gesehen hätten und von deren Leben in Einfachheit, Bescheidenheit und Armut beeindruckt gewesen seien. Die Perfecti besäßen nichts als die Kleider am Leib und ihre heiligen Bücher – ein allzu scharfer Kontrast zu den Zisterziensern, die in voller Pracht mit einem Gefolge von Lakaien und Leibwächtern reisten. Die Spanier schlugen Arnold, Peter und Ralph vor, die Katharer mit ihren eigenen Waffen zu schlagen, und führten das Beispiel der Aussendung der 70 Jünger an (Lk 10,1–12). Die Zisterzienser waren beeindruckt und stimmten dem Plan zu.

Das Ende der Debatten

Die Männer folgten dem apostolischen Vorbild, lebten in Armut und hielten im ganzen Languedoc Predigten. Es gab Debatten in Servian, Béziers, wieder Carcassonne, Pamiers, Fanjeaux, Montréal und Verfeil. Wie schon die ersten Debatten waren auch diese hitzig und langwierig und dauerten manchmal eine Woche oder sogar länger. Ohne die üblichen römischen Regalien erzielten die päpstlichen Gesandten endlich Ergebnisse: 150 Katharer konvertierten nach der Debatte in Montréal. Doch das war nicht genug. Das Unternehmen des Friedens und Glaubens lief seit drei Jahren, und die Zahl der Seelen, die es in die Kirche zurückgebracht hatte, war verschwindend in Anbetracht der Anstrengungen, die die drei unternommen hatten. Im Frühjahr 1207 schien auch das Potenzial der Predigten und Debatten ausgeschöpft zu sein, und Arnold Amaury reiste ab, um

▼ Die befestigte Stadt Carcassonne ist bis heute ein Symbol des katharischen Widerstands.

▲ Die Burg von Saint-Gilles war das Machtzentrum Raymonds VI. im Languedoc.

einer Zisterzienserkonferenz vorzusitzen. Peter von Castelnau ließ sich nicht so leicht entmutigen und mühte sich den Rest des Jahres, verschiedene Adelige im Languedoc gegen die Katharer einzunehmen. Ralph begleitete ihn und versuchte, ihn vom Volk fernzuhalten, das ihn fast durchwegs verabscheute. In den Debatten, die noch stattfanden, übernahm Fulk von Marseilles seinen Platz.

Raymond VI. erwies sich ein weiteres Mal als Hindernis für die Mission. Peter besuchte den Grafen von Toulouse, als dieser gerade Krieg gegen seinen Vasallen in der Provence führte. Peter forderte Raymond auf, diese mit Söldnern geführten Privatkriege einzustellen und sich auf die Verfolgung der Ketzer zu konzentrieren. Raymond hielt dagegen, dass er auf seine Söldner nicht verzichten könne, weil sie einen wesentlichen Teil seiner Macht darstellten. Als er sich weigerte, einen Treueid zu schwören, exkommunizierte Peter ihn an Ort und Stelle. Es war Raymonds zweite Exkommunikation und sollte nicht seine letzte sein.

Daraufhin lenkte Raymond ein. Er erklärte sich bereit, mit der Verfolgung der Katharer zu beginnen, und im Sommer wurde seine Exkommunikation rückgängig gemacht. Im Herbst, als sich herausstellte, dass er nichts gegen die Katharer unternommen hatte, wurde er erneut exkommuniziert. Mittlerweile waren beide Seiten aufgebracht über die Situation. Innozenz wollte endlich Taten sehen, und Raymond wollte, dass die Kirche aufhörte, sich in seine Angelegenheiten einzumischen. Anfang 1208 wurde ein neues Treffen in Raymonds Burg in Saint-Gilles vereinbart. Die Debatten zwischen Peter und Raymond waren hitzig, und der Graf drohte dem päpstlichen Legaten sogar körperliche Gewalt an. Am Sonntag, dem 13. Januar, waren die Verhandlungen endgültig gescheitert. Peter reiste im Morgengrauen des nächsten Tages nach Rom ab, sollte aber niemals dorthin gelangen. Während er auf die Fähre über die Rhône wartete, galoppierte ein Reiter auf ihn zu und durchbohrte ihn mit seinem Schwert. Die Identität des Reiters blieb ungeklärt, doch das spielte keine Rolle: Peters Tod musste gerächt werden.

▶ Peter von Castelnau stirbt auf dem Weg nach Rom durch die Hand eines unbekannten Mörders.

5 Der Albigenser-kreuzzug

DIE KATHARISCHE BEWEGUNG SCHIEN UNAUFHALTSAM. SÄMTLICHE DROHUNGEN UND DIPLOMATISCHEN BEMÜHUNGEN DER KIRCHE WAREN FEHLGESCHLAGEN. ALSO GRIFF DER PAPST ZU EINER DRASTISCHEN MASSNAHME: ER RIEF ZUM KREUZZUG GEGEN CHRISTEN AUF.

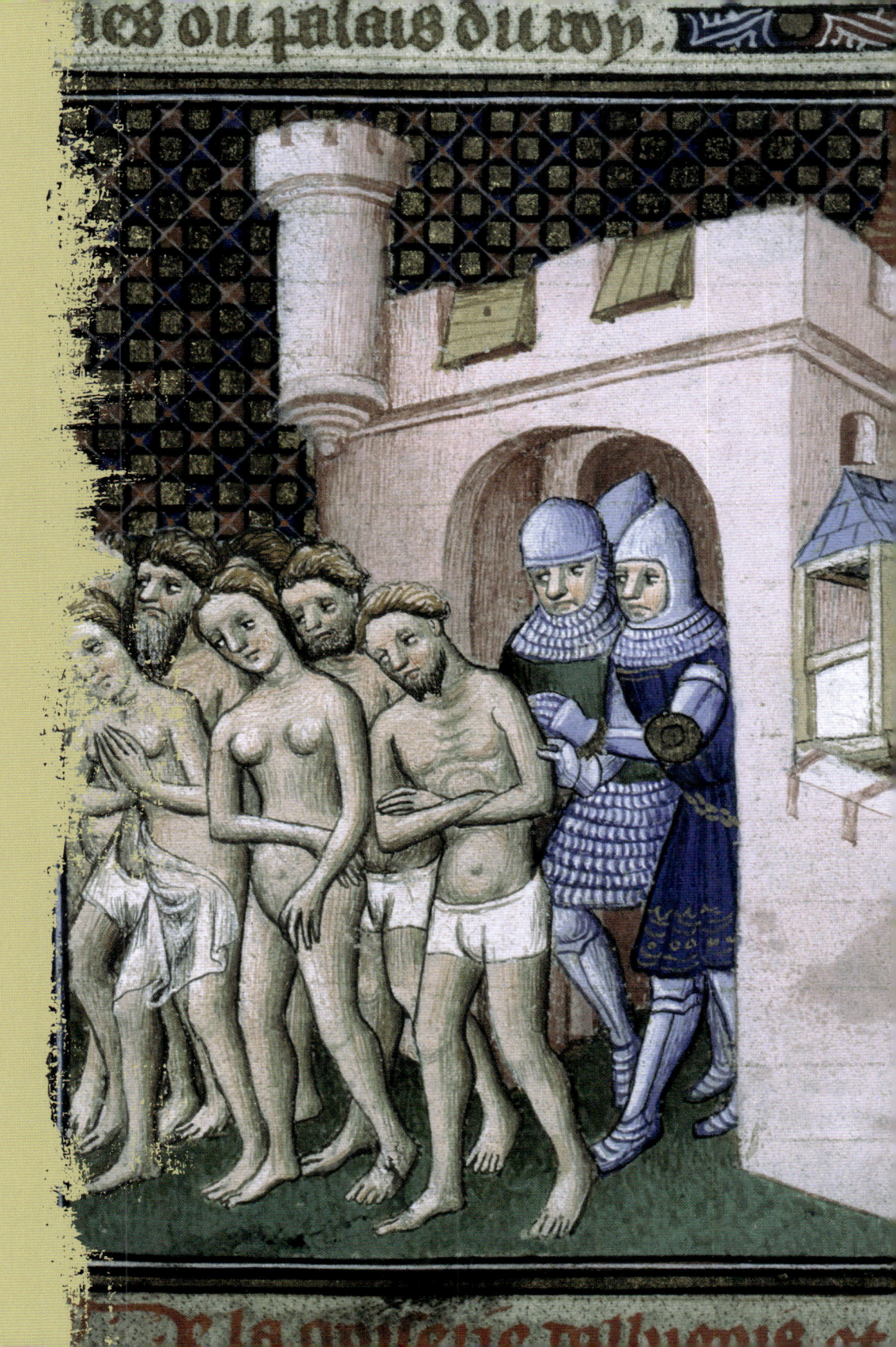

Einleitung

Raymond äußerte kein Bedauern über Peters Tod, und obwohl nicht bewiesen werden konnte, dass er den Mord angeordnet hatte, wurde sein fehlendes Bedauern als Eingeständnis seiner Schuld gewertet. Es war ein diplomatischer Skandal von monumentalen Ausmaßen. Die Tatsache, dass Peter so viele Feinde im Languedoc gehabt hatte, dass fast alle Adeligen und Kleriker zu den Verdächtigen zählten, war irrelevant. Innozenz war überzeugt von Raymonds Mittäterschaft und rief am 10. März zu einem Kreuzzug auf. Der Papst hatte schon seit November einen Feldzug im Süden in Betracht gezogen. Arnold Amaury und Fulk von Marseilles wurden beauftragt, ihn in Predigten zu propagieren, und die beiden verbrachten den Großteil des Jahres 1208 damit, die Unterstützung von Königen und Adeligen zu gewinnen, und Mitte des folgenden Jahres war tatsächlich eine bunt zusammengewürfelte Armee aus Adeligen, Rittern und Söldnern unterwegs. Innozenz hatte diesen Männern den vollen Kreuzzugsablass versprochen: Vergebung aller Sünden, Erlassung aller Schulden und die Aussicht auf Beute in Form von Land, das von den Katharern und ihren Sympathisanten konfisziert werden würde. Gemäß dem feudalen Brauch mussten Kreuzfahrer nur 40 Tage dienen, bevor sie aus ihren militärischen Pflichten entlassen wurden. Das Languedoc hatte außerdem den Vorteil, dass es einfacher zu erreichen war als der Nahe Osten. Und so strömten die Kreuzzügler in Scharen das Rhônetal hinunter.

Innozenz hatte den diplomatischen Weg nicht ganz aufgegeben, doch der Tod von Ralph von Fontfroide und Diego von Osma innerhalb von 18 Monaten nach Peters Ermordung hatte die Kirche um zwei ihrer wertvollsten diplomatischen Vertreter gebracht. Aber Raymond kam ihm ganz von selbst entgegen: Er erklärte sich bereit, sich zur Buße einer demütigenden Geißelung in der Kirche von Saint-Gilles zu unterziehen. Nackt wurde er von einem päpstlichen Legaten vor den Augen von zwei Dutzend Bischöfen und einer großen Menge Toulouser ausgepeitscht, bevor man ihn in die Kirche führte, wo er der Kirche in Rom und dem

Kreuzzug den Treueid schwören musste. Er erklärte sich bereit, die vorgeschriebenen 40 Tage abzudienen, doch die Forderungen der Kirche gingen noch weiter: Er musste auf jegliche Ansprüche gegenüber religiösen Institutionen in seinen Ländern verzichten und sich bei allen Geistlichen entschuldigen, die er beleidigt, erpresst und schikaniert hatte. Er musste sieben seiner Burgen aufgeben und durfte keine Söldner mehr beschäftigen. Alle Juden in seinem Dienst musste er entlassen. In Bezug auf die Katharer musste er den Anweisungen der Kirche folgen: Es lag in ihrem Ermessen und nicht in seinem, wer als Ketzer zu gelten hatte und wer nicht. Sollte Raymond die Vereinbarung brechen, würden päpstliche Legaten über ihn richten. Das waren harte Konditionen, und alle wussten es. Am Grafen von Toulouse war ein Exempel statuiert worden.

▲ Raymond VI. wird auf den Stufen der Kirche Saint-Gilles öffentlich gedemütigt und gezwungen, der Kirche und dem Kreuzzug den Treueid zu schwören.

◄ Vorherige Seite: Die katharische Hochburg Cordes-sur-Ciel im Languedoc wurde von Raymond VII. gegründet.

Der Kreuzzug beginnt

Raymond Roger Trencavel, der Vicomte von Carcassonne, Béziers und Albi, war dennoch sicher, dass er als Katholik mit der Kirche verhandeln konnte. Schließlich waren Innozenz' Anstrengungen vor allem gegen Raymond VI., die Katharer und ihre Anhänger auf dessen Land gerichtet gewesen, und er meinte,

sich in einer starken Position zu befinden. Er täuschte sich. Die Trencavels waren seit langem für ihre kirchenfeindliche Haltung bekannt. In einem ihrer kühnsten Coups hatte Raymond Roger den Bischof von Carcassonne verjagt und eine Marionette eingesetzt. Die Mutter des neuen Bischofs, seine Schwester und drei seiner Brüder waren Vollkommene. Als Raymond Roger erkannte, dass der Graf von Toulouse sich mit seinen Zugeständnissen an die Kirche aus einer Sackgasse gerettet hatte, bot Raymond Roger ebenfalls an, am Kreuzzug teilzunehmen und gegen die Katharer vorzugehen. Doch Arnold Amaury lehnte seine Hilfe ab. Die Kreuzfahrer marschierten Richtung Béziers, und Raymond Roger zog sich nach Carcassonne zurück.

Béziers – die Stadt, die sich 1205 geweigert hatte, den Zisterziensern ihre Katharer auszuliefern – wurde am 22. Juli dem Erdboden gleichgemacht. Die Gräueltaten waren so ungeheuerlich, dass sich sogar Apologeten des Kreuzzugs wie Pierre von Les Vaux-de-Cernay davon distanzierten und die Schuld an dem Blutbad auf die Ribauds, die Söldner, schoben. Dennoch gab es einige in der Kirche, die das Gemetzel für gerechtfertigt hielten. Einer von ihnen war Arnold Amaury, der Innozenz schrieb, »die göttliche Rache war wunderbar«.

Die Nachricht von den Gräueltaten in Béziers verbreitete sich schnell. Die Kreuzfahrer marschierten Richtung Narbonne weiter. Aus Furcht vor einem ähnlichen Schicksal ergab sich diese Stadt beim ersten Anblick der herannahenden Armee. Raymond Roger Trencavel wusste, dass Carcassonne die nächste Station sein würde. Er entschied sich für eine Politik der verbrannten Erde und machte die Gegend rund um die Stadt so unwirtlich wie möglich für die Kreuzfahrer, die am 1. August ankamen. Am folgenden Tag fiel der Vorort Bourg, der außerhalb der Stadtmauern lag. Ein weiteres Vorrücken wurde jedoch durch die Ankunft von König Peter II. von Aragón vereitelt. Er kam, um mit Raymond Roger zu sprechen, der sein Vasall war. Peter

◄ Ein Ritter führt den Albigenserkreuzzug nach Béziers. Die Stadt wird von den Kreuzzüglern zerstört und alle Einwohner getötet.

▲ Die Katharer müssen Carcassonne nach der Eroberung durch die Kreuzzügler unter Simon von Montfort verlassen.

sagte Raymond Roger, dass er sich den Kreuzzug selbst zuzuschreiben habe, und drängte auf Verhandlungen, da das Heer der Kreuzfahrer Raymond Rogers Männern weit überlegen war. Die Gespräche begannen, und Arnold Amaury garantierte Raymond Roger sicheres Geleit aus der Stadt, sobald sich diese ergeben habe. Über das Schicksal der Bewohner würden die Kreuzzügler entscheiden. Peter war empört über diese Bedingungen und kehrte nach Aragonien zurück, ohne eine Einigung erzielt zu haben. Durch den Verlust von Bourg und seiner Brunnen hatte Carcassonne seine Wasserversorgung verloren, und bald brachen in der Stadt Typhus und Ruhr aus. Raymond wurde von einem Verwandten überredet, die Stadt zu Verhandlungen zu verlassen. Die genauen Bedingungen der Vereinbarung sind nicht bekannt, doch Raymond Roger gelang es, das Leben aller Einwohner von Carcassonne – einschließlich der Katharer – zu retten, unter der Bedingung, dass sie die Stadt verließen. Und das taten sie am 15. August. Arnold brach das Versprechen, das er Peter von Aragón gegeben hatte, und ließ Raymond Roger in den Kerker seiner eigenen Burg werfen. Dort starb er am 10. November. Zu diesem Zeitpunkt waren seine Länder und die Führung des Kreuzzugs an einen obskuren Adeligen übergegangen, dessen Name zum Synonym für Skrupellosigkeit und Terror in ungeahntem Ausmaß werden sollte: Simon von Montfort.

Simon von Montfort

Simon von Montfort stammte aus einer Familie von bescheidenem Wohlstand, die Ländereien im Norden, unweit von Paris, und das Herzogtum von Leicester besaß. Simon war nicht nur ein todesmutiger Krieger, sondern auch ein Mann von Prinzipien. So hatte er während des vierten Kreuzzugs gegen die Plünderung der Hafenstadt Zara an der Adria protestiert, weil der Kreuzzug nicht gegen christliche Glaubensbrüder, sondern gegen die Moslems gerichtet sei. Desillusioniert verließ er den Kreuzzug, und auch im Albigenserkreuzzug spielte er zunächst nur eine untergeordnete Rolle. Nach dem Fall von Carcassonne begann Arnold Amaury einen Nachfolger für Raymond Roger zu suchen. Er trat an eine ganze Reihe Adeliger heran, doch alle lehnten aus politischen Gründen ab, weil sie eine eifersüchtige Reaktion von Philipp II. August, dem französischen König, befürchteten. Simon, mit seinen bescheidenen Besitzungen im Norden, wurde als sichere Wahl betrachtet, besonders da sein militärischer Ruf und seine Frömmigkeit über jeden Tadel erhaben waren. Und so kamen die Ländereien der Trencavel zu einem neuen Vicomte und der Albigenserkreuzzug zu einem neuen Anführer.

Von Anfang an hatte Simon mit zähem Widerstand gegen die Kreuzfahrer aus dem Norden zu kämpfen, und in Lombers wurde sogar ein Mordversuch auf ihn verübt. Zweifellos bestärkten derartige Aktionen Simon in

▼ Simon von Montfort, unter dessen Führung die Katharer während des Albigenserkreuzzugs schonungslos verfolgt wurden.

seinem Glauben, einen gerechten Krieg zu führen. Im Gegensatz zu Zara betrachtete er die Städte und Dörfer des Languedoc nicht als christlich, sondern als ketzerisch, und die einzige Möglichkeit, sie zu unterwerfen, war ihm zufolge gnadenlose Brutalität.

Unter diesem Motto wurde der Kreuzzug im Frühjahr 1210 fortgesetzt. Anfang April nahm Simon die kleine Stadt Bram nach nur drei Tagen Belagerung ein und schickte hundert gefangene Ritter auf einen Gewaltmarsch nach Cabaret, eine etwa 30 Kilometer entfernte Stadt, in der Katharer Zuflucht gefunden hatten. Vor ihrem Aufbruch ließ er den Männern die Augen ausstechen und die Nase und die Oberlippe abschneiden. Dem Mann an der Spitze des Zuges wurde ein Auge gelassen, damit er seine verstümmelten Kameraden auf dem Weg nach Cabaret anführen konnte. Nach dieser fürchterlichen Warnung dauerte es nur ein paar Monate, bis Simon auch diese Stadt einnahm.

◄ Die Bewohner von Carcassonne erwarten während der Belagerung durch die Kreuzzügler ihr Schicksal.

▼ Trotz seiner Lage und der hohen Mauern fiel Carcassonne letztendlich in die Hände des Heers unter Simon von Montfort.

▶ Minerve im Languedoc ergab sich den Kreuzfahrern erst, nachdem es wochenlang beschossen und von der Wasserversorgung abgeschnitten worden war.

Im Juni belagerten die Kreuzfahrer Minerve, eine Stadt, die auf steilen Klippen etwa 50 Kilometer östlich von Cabaret lag. Mit einem riesigen Trebuchet mit dem Spitznamen »Böser Nachbar« wurde die Steintreppe beschossen, die zu den Brunnen der Stadt am Fuß der Klippen führte. Nun, da der Weg zu den Brunnen versperrt war, brauchten die Kreuzfahrer nur noch zu warten. Ebenso wie Carcassonne würde die Stadt sich ergeben müssen. Die Minerver versuchten zwar, den »Bösen Nachbarn« in Brand zu stecken, scheiterten aber, und so wurde die Stadt bis in den Juli hinein mit dem Trebuchet beschossen. Da die Stadt keinen Zugang zu Wasser hatte, blieb dem Stadtherrn, Wilhelm, nichts anderes übrig, als zu kapitulieren. Er bot Simon alle seine Ländereien und Burgen an, wenn dafür die Stadtbewohner verschont blieben. Simon nahm das Angebot an. Gerade als er die erschöpften Minerver ziehen lassen wollte, traf der päpstliche Legat, Arnold Amaury, ein.

Arnold, der in der Hierarchie über Simon stand, teilte Wilhelm mit, dass die Minerver verschont würden, wenn sie der Kirche den

Treueid schworen, was prompt alle taten. Doch für die Katharer war das Ablegen eines Eids ein Anathema, und Rom einen Treueid zu schwören, war überhaupt undenkbar.

Nur drei von ihnen bekannten sich zum Katholizismus, der Rest weigerte sich. Am 22. Juli 1210, genau ein Jahr nach den Gräueltaten in Béziers, wurden alle 140 katharischen Perfecti unter den Einwohnern von Minerve in dem Tal unterhalb der Stadt verbrannt. Dies war die erste Massenverbrennung im Laufe des Kreuzzugs. Es sollte nicht die letzte bleiben.

▼ Als die 140 Katharer unter den Einwohnern von Minerve sich weigerten, Rom den Treueid zu schwören, wurden sie auf Anweisung des päpstlichen Legaten Arnold Amaury lebendig verbrannt.

Die Städte der Trencavel werden erobert

Nach Minerve eroberten die Kreuzfahrer auch die übrigen Castra (befestigte Städte) der Trencavel – Montréal, Termes und Puylaurens. Während der Belagerung von Lavaur im Frühjahr 1211 erreichte Simons Vorgehen ein neues Maß an Grausamkeit. Er war zweifellos wütend darüber, dass die Verstärkung aus Deutschland einen Tag vor ihrer geplanten Ankunft in Lavaur von Raymond Roger von Foix bei Montgey unweit von Saint-Félix geschlagen worden war. Simons Armee nahm die Stadtmauern von Lavaur am 3. Mai. Ungeachtet der Konventionen der mittelalterlichen Kriegführung wurden alle 80 Ritter, die Lavaur verteidigt hatten, gehängt, einschließlich des Stadtherrn, Aimery von Montréal, der als Anhänger der Katharer galt. Seine Schwester, Geralda, war bekannt für ihre Großzügigkeit gegenüber den Katharern, die aus Städten geflüchtet waren, die die Kreuzritter bereits eingenommen hatten. Sie wurde in einen Brunnen geworfen und gesteinigt. Alle Perfecti der Stadt – etwa 400 Menschen – wurden auf dem Scheiterhaufen verbrannt. Es war die größte Massenhinrichtung des Kreuzzugs. Noch im selben Monat wurden weitere 50 bis 100 Perfecti vor der Stadt Les Cassés verbrannt. Wenn jemand nach Beweisen suchte, dass die Welt so schlecht war, wie die Katharer glaubten, hätte er sie in den Ereignissen im Mai 1211 gefunden.

Toulouse war das nächste Ziel des Kreuzzugs, und die Belagerung begann einen Monat nach den Hinrichtungen in Lavaur. Raymond VI., der sich innerhalb der Stadtmauern aufhielt, hatte schwierige Zeiten hinter sich. Er war im September 1209 erneut exkommuniziert worden, weil er sich nicht genug für den Kreuzzug engagiert hatte. Daraufhin war der Graf nach Rom gereist, um mit Innozenz zu verhandeln, der ihm nach langem Zögern gestattete, in der Kirche zu bleiben. Nun begann Raymond eine verzweifelte diplomatische Kampagne und löste alle Versprechen ein, die er bei seiner Geißelung im Juni zuvor gegeben hatte. Doch beim Konzil von Montpellier im Februar 1211 wurde Raymond zum fünften

▶ Laut einem Dokument, das von Simon von Montfort verfasst worden war, gingen Ländereien von Raymond VI. an Philipp II. von Frankreich.

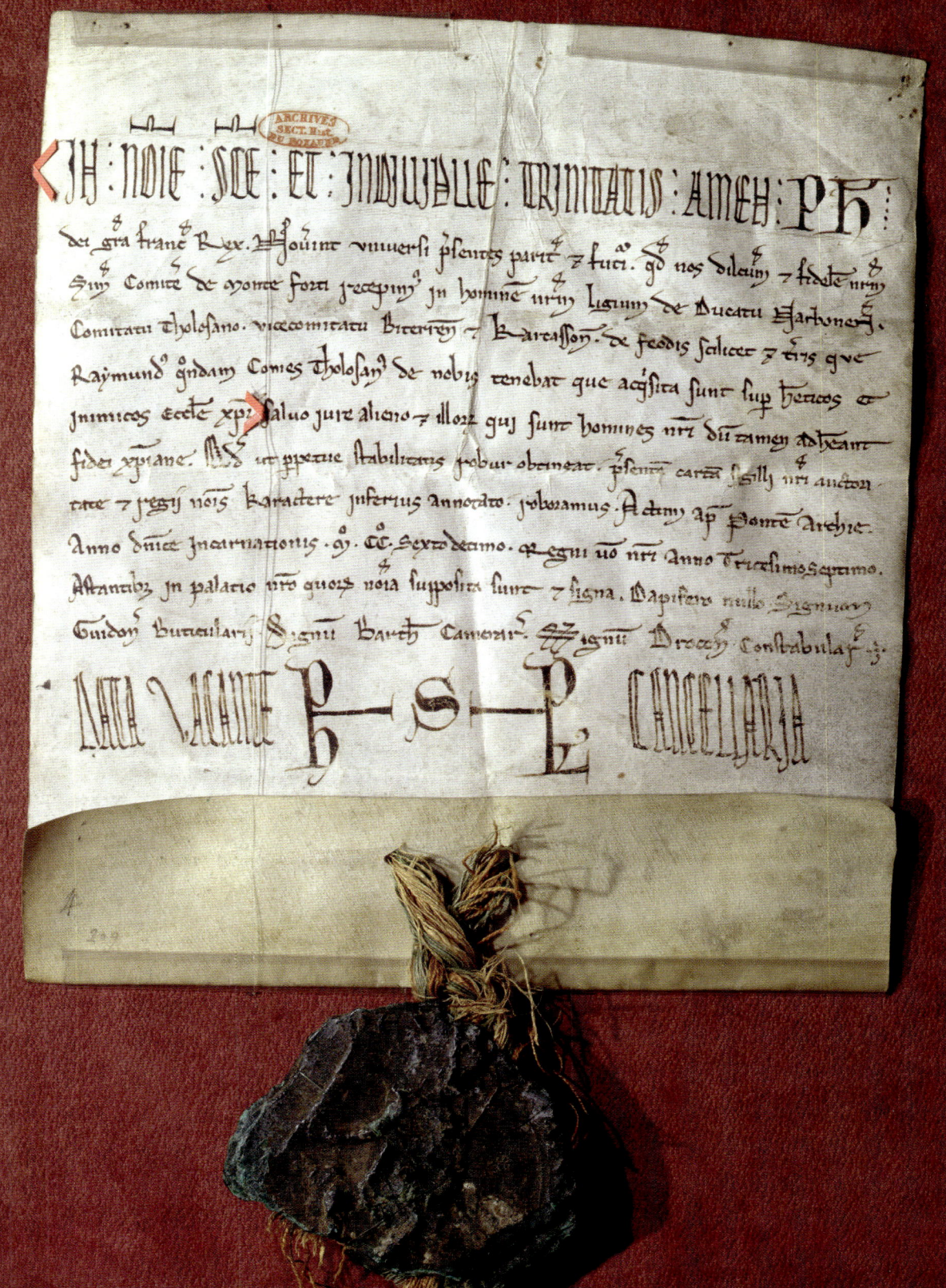

✠ IN : NOIE : SCE : ET : INDIVIDUE : TRINITATIS : AMEN : PH :

dei gra Franc Rex. Noverint universi presentes pariter et futuri. quod nos dilectum et fidelem nostrum Symonem Comitem de Monteforti recepimus in hominem nostrum ligium de Ducatu Narbones.

Comitatu Tholosano. vicecomitatu Biterrii et Karcasson. de feodis scilicet et terris que quondam Raymundus Comes Tholosani de nobis tenebat que acquisita sunt super hereticos et inimicos ecclesie christi salvo iure alieno et illor qui sunt homines nostri dum tamen adhereant fidei christiane. Ut ut perpetue stabilitatis robur obtineat. presenti carta sigilli nostri auctoritate et regii nostri karactere inferius annotato roboramus. Actum apud Pontem Archie.

Anno dominice incarnationis. M. CC. Sextodecimo. et regni vero nostri anno Tricesimoseptimo. Astantibus in palatio nostro quorum nomina supposita sunt et signa. Dapifero nullo Signum Guidonis Butticularii Signum Barth Camerar. Signum Drooch constabularii.

DATA VACANTE ✠ PH — S — E CANCELLARIA

▲ Ein illustriertes Manuskript zeigt die Schlacht von Muret, in der Simon von Montfort die Streitkräfte von Raymond von Toulouse und Peter II. von Aragón besiegte.

Mal exkommuniziert, nachdem er sich geweigert hatte, dessen Forderungen zu erfüllen: Der Preis für seinen Verbleib in der Kirche wären alle seine Besitztümer und Titel gewesen. Als Simon die Belagerung von Toulouse nach nur zwei Wochen beendete, war dies eine seltene Unterbrechung der Feindseligkeiten.

Peter II. von Aragón war besorgt über die Bedrohung von Toulouse und Raymonds Ländereien. Er versuchte, mit Innozenz zu verhandeln, denn er wusste, dass er sich in einer starken Position befand: Er war einer der Kommandanten der Kreuzritter gewesen, die am 16. Juli 1212 in der Schlacht von Las Navas de Tolosa in Andalusien einen entscheidenden Sieg über die Mauren erlangt hatten, und galt deshalb als einer der Helden des Christentums. Er hielt dem Papst vor, dass der Kreuzzug seinen ursprünglichen Zweck – die Vernichtung der Katharer – verfehlt hatte, weil Simon von Montfort ebenso viele Katholiken wie Katharer getötet hatte, wenn nicht sogar mehr, und damit beschäftigt war, ein Lehnsreich für sich selbst zu errichten. Peter schlug vor, ihn selbst zum Wächter über Raymonds Besitztümer zu ernennen, die er dem Sohn des Grafen, dem künftigen Raymond VII., übergeben würde, sobald dieser volljährig sein würde. Als Teil dieses Handels sagte Peter zu, jegliche Spuren des Katharismus zu beseitigen.

Innozenz überdachte Peters Vorschlag und war geneigt, ihn anzunehmen. Am 17. Januar 1213 überraschte er die Streitkräfte der Kirche im Languedoc mit der Verkündigung, dass der Albigenserkreuzzug beendet sei. Arnold Amaury protestierte heftig und gab dem Papst zu bedenken, dass der Kreuzzug seinen Zweck noch nicht erfüllt hatte. Die übrigen Adeligen aus dem Süden – unter ihnen die Grafen von Toulouse, Foix und Comminges – stimmten Peters Plan zu, das ganze Languedoc unter seine Herrschaft zu stellen.

Doch am 21. Mai gab Innozenz schließlich dem Drängen Arnold Amaurys nach und befahl die Fortsetzung des Kreuzzugs. Simon von Montfort zog sofort wieder in den Kampf, sah sich jedoch am 12. September vor Muret einer zahlenmäßig weit überlegenen Armee aus dem Süden unter Peters Führung gegenüber. Die Schlacht war ein Desaster für den Süden, dem mindestens 7000 ihrer Männer zum Opfer fielen, darunter auch Peter von Aragón. Es war Simons größter Sieg. Nun war er der Herrscher über das gesamte Languedoc.

◀ Die Schlacht von Muret 1213, in der 7000 Menschen getötet wurden, war ein besonders grausamer Moment des Albigenserkreuzzugs.

6 Das Vierte Laterankonzil

DER ALBIGENSERKREUZZUG IST EINER DER BLUTIGSTEN
ABSCHNITTE DER EUROPÄISCHEN GESCHICHTE. DOCH TROTZ
DER SYSTEMATISCHEN VERFOLGUNG KONNTE SICH DER
KATHARISMUS IN GROSSEN TEILEN SÜDWESTFRANKREICHS
UND ITALIENS HALTEN.

Einleitung

Das Vierte Laterankonzil im November 1215 war für Jahrhunderte die größte Zusammenkunft von Geistlichen. Bei den vorangegangenen Konzilen – in den Jahren 1123, 1139 und 1179 – war Häresie nur beim letzten ein Thema gewesen. Damals war man zu dem Schluss gelangt, dass Gewalt zu ihrer Bekämpfung legitim sei. Zum Zeitpunkt des Vierten Laterankonzils war diese Gewalt seit sechs langen und blutigen Jahren angewendet worden. Alle wichtigen Persönlichkeiten des Albigenserkreuzzugs, abgesehen von Simon von Montfort und den Perfecti, waren in Rom. Selbst jener Veteran der Exkommunikation, Raymond VI., war in der Stadt, ebenso wie der ängstliche Raymond Roger von Foix. Beide wollten mit dem Papst über die Zukunft des Languedoc verhandeln.

Nachdem einen Monat lang andere Angelegenheiten diskutiert worden waren – darunter die Vorbereitungen für den fünften Kreuzzug und die Entscheidung, alle Juden und Moslems zum Tragen eines gelben Abzeichens zu zwingen, um sie von den Christen unterscheiden zu können –, fand Innozenz endlich Zeit, sich der Situation im Languedoc zuzuwenden, die wie üblich ernst war. Zu Beginn der Gespräche attackierte Fulk von Marseilles, der Bischof von Toulouse, Ray-

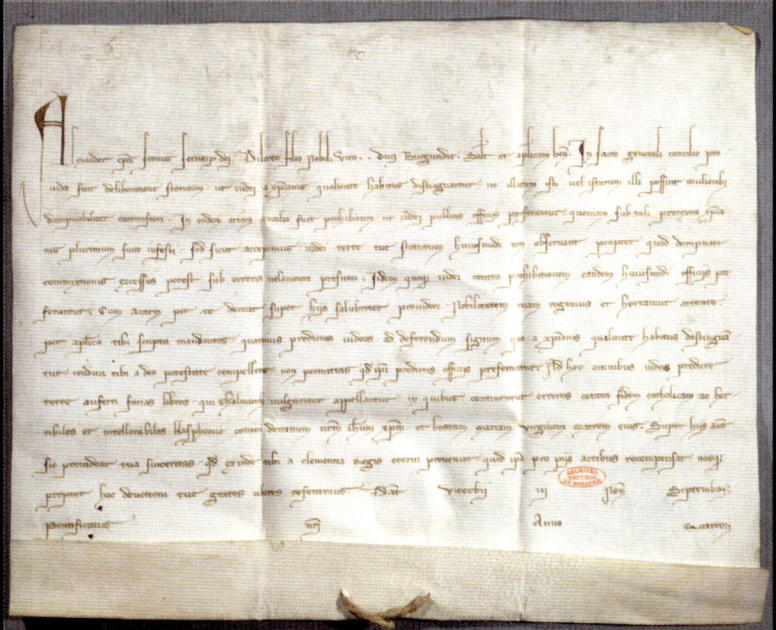

◄ Die päpstliche Bulle, die vorschrieb, dass alle Juden und Moslems ein gelbes Zeichen auf ihrer Kleidung tragen mussten.

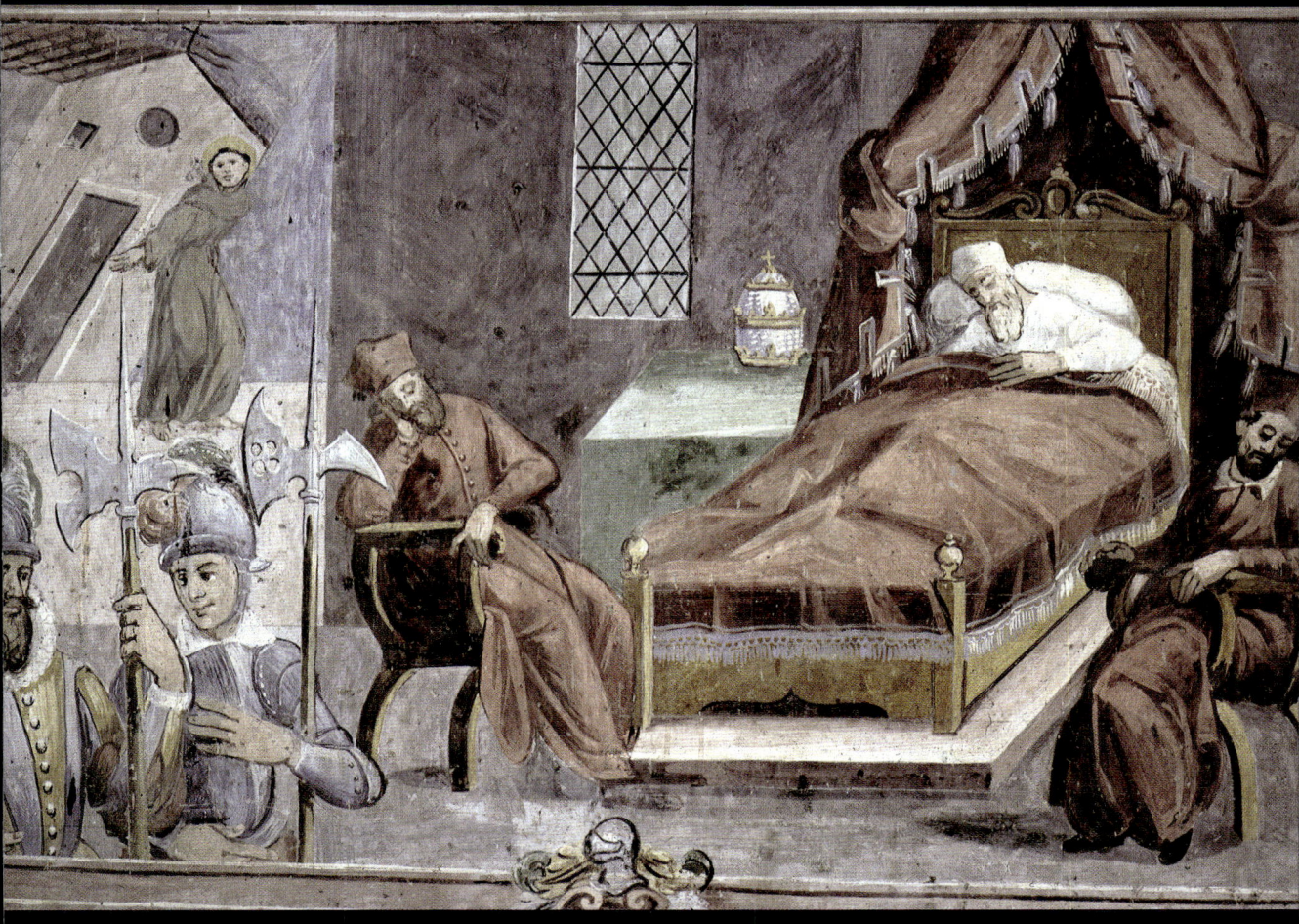

mond Roger von Foix, weil er Katharer auf seinem Land duldete, und für seine Rolle bei dem Massaker der Kreuzzügler in Montgey. Raymond Roger beschimpfte Fulk seinerseits und erklärte, es tue ihm lediglich leid, dass er nicht mehr Kreuzzügler getötet habe. Daraufhin beschloss Innozenz, dass Simon von Montfort alle seine Ländereien im Languedoc behalten durfte. Der Sohn von Raymond VI., Raymond der Jüngere, würde einige kleinere Besitztümer erben, doch Simon würde ab nun auch offiziell der Graf von Toulouse sein.

Toulouse wird belagert

Als die Entscheidung des Papstes in Toulouse bekannt wurde, gab es einen Aufruhr. Dem verhassten Montfort sollte der Zutritt zur Stadt verweigert werden. Der Widerstand wurde durch den unerwarteten militärischen Sieg von Raymond dem Jüngeren gestärkt, der die von den Kreuzzüglern besetzte Stadt Beaucaire einnahm. Dann starb Innozenz unerwartet am 16. Juli 1216, und es sah so aus, als ob sich das Blatt zugunsten des Südens wenden könnte.

Simons von Montfort Reaktion auf die Revolte in Toulouse war schnell und brutal. Unterstützt wurde er von Fulk von Toulouse, der die Würdenträger der Stadt überredete, über eine mögliche Einigung außerhalb der Stadtmauern zu diskutieren. Entweder war Fulk äußerst überzeugend, oder sie hatten vergessen, was Raymond Roger Trencavel in Carcassonne passiert war. Auf jeden Fall verließen sie die Sicherheit

▶ Ein Relief auf dem Sarkophag von Simon von Montfort, das die siegreiche Belagerung von Toulouse zeigt.

▲ Der hl. Dominikus lässt die Hunde auf die Ketzer los, während Petrus Martyr sie ermahnt.

der Stadtmauern und wurden, kaum dass sie Simons Lager erreicht hatten, in Ketten gelegt. Da nun niemand übrig war, um die Verteidigung von Toulouse zu koordinieren, fiel die Stadt schon nach kurzer Zeit den Kreuzfahrern in die Hände, die sie einen Monat lang plünderten. Damit nicht genug, verhängte Simon auch noch exorbitante Steuern über die Toulouser.

Doch dann beging Simon einen fatalen Fehler. Obwohl Arnold Amaury ihn kurz zuvor wegen seines brutalen Vorgehens in Narbonne exkommuniziert hatte, trat Simon weiterhin als Vertreter der Kirche auf und verließ Toulouse, um die Adeligen der Provence zu drangsalieren. Er ließ zwar eine Garnison in der Stadt zurück, doch die Toulouser begannen sofort, Waffen zu horten und den Sturz des verhassten Tyrannen zu planen. Am 13. September 1217 kehrte Raymond VI. im Schutz eines nebeligen Morgens in die Stadt zurück und wurde von der Bevölkerung begeistert empfangen. Obwohl Raymond ein fast schon notorisch schlechter Militärkommandant war, fühlten die Toulouser die Rettung nahen. Raymond ordnete sofort die erneute Befestigung der Stadt an, und Simons Garnison wurde vernichtet.

Als Simon davon erfuhr, eilte er nach Toulouse zurück, um die Stadt rasch wieder in seine Gewalt zu bringen. Doch obwohl Verstärkung aus dem Norden anrückte, konnten Simons Streitkräfte die Stadtmauern nicht durchbrechen. Diese Pattsituation dauerte neun Monate, bis die Kreuzfahrer im Juni 1218 schließlich Belagerungsmaschinen einsetzten, um die Stadtmauern von Toulouse zu durchbrechen. Am 25. Juni, während Simon von Montfort an der Seite seiner Belagerungsmaschinisten kämpfte, wurde sein Kopf von einem Stein zerschmettert, der dem Feind mit einem Katapult entgegen geschleudert worden war. Gemäß der Tradition war dieses Katapult von Frauen und Mädchen bedient worden. Der meistgehasste Mann des Languedoc war tot.

▶ Das Siegel von Raymond dem Jüngeren, dem späteren Raymond VII.

Der Beginn einer neuen Zeit

Simons von Montfort Tod war der Anfang vom Ende einer der düstersten Epochen im Westen. Die meisten anderen Protagonisten starben bald nach ihm: Domingo de Guzmán 1221 (1234 wurde er heilig gesprochen); Raymond VI. 1222; König Philipp II. August von Frankreich 1223, im selben Jahr wie Raymond Roger von Foix. Arnold Amaury schließlich starb 1225.

An ihre Stelle traten ihre Söhne und Erben, Männer wie Raymond der Jüngere, der nach dem Tod seines Vaters Raymond VII. wurde, und Roger Bernard, der Sohn von Raymond Roger von Foix. Beide waren fähige Krieger, die 1218 sowohl an der Verteidigung von Toulouse als auch an der daran anschließenden Widerstandsbewegung des Südens teilgenommen hatten.

Simons von Montfort Sohn, Amaury, war ein weniger begabter Soldat als sein Vater. Nach Simons Tod stand er sechs Jahre lang in fortwährendem Konflikt mit Raymond dem Jüngeren und Roger Bernard. Das Land der Montforts begann wieder zu schwinden. 1221 versuchte Amaury erfolglos, einen militärischen Orden nach dem Vorbild der Tempelritter zu gründen, der sich dem Kampf gegen die Häresie widmete. Mit seiner Inkompetenz machte er praktisch alles rückgängig, was sein Vater erreicht hatte.

Innozenz wollte schon lange, dass die französische Krone im Süden eingriff, doch erst 1215 startete Ludwig, der Sohn von Philipp II. August, einen eigenen Feldzug, der jedoch erfolglos blieb. Im Jahr 1219 versuchte er es erneut und veranstaltete ein Gemetzel in der kleinen Marktstadt Marmande, wo alle 7000 Einwohner getötet

▲ Domingo de Guzmán, der 1221 starb, wurde 1234 heilig gesprochen.

wurden. Als nächstes versuchte er, Toulouse einzunehmen, scheiterte aber und kehrte nach Paris zurück.

Unter Innozenz' Nachfolger, Honorius III. (1216–1227), verlor der Albigenserkreuzzug weiter an Bedeutung. Der neue Papst war mit einem anderen Kreuzzug beschäftigt, dem offiziellen fünften, der im ersten Jahr seines Pontifikats begann. Er wollte den Kampf gegen die Häresie zwar fortsetzen, hielt Kreuzzüge aber nicht für die einzige Möglichkeit. Er glaubte auch an die Wirkung von Predigten und gab dem Predigerorden von Domingo de Guzmán (besser bekannt als Dominikanerorden) und den Franziskanern seinen Segen.

In dieser Zeit begannen die Perfecti wieder aufzutauchen. Jene, die Simon von Montfort überlebt hatten, hatten sich in Höhlen oder in den pyrenäischen Burgen Montségur und Quéribus versteckt. Im Jahr 1223 ließ der katharische Bischof von Carcassonne, Peter Isarn, Kopien von den Aufzeichnungen des Konzils von Saint-Félix anfertigen, sodass er nach den Verheerungen des Albigenserkreuzzugs seine Diözesangrenzen wieder festlegen konnte.

Im Jahr 1226 fand in Pieusse ein weiteres großes Zusammentreffen von Katharern statt. Es war nicht so maßgeblich wie das in Saint-Félix, doch dass es überhaupt zustande kam, zeigte, dass die katharische Kirche überlebt hatte und selbstbewusst genug war, um ihr Wirken wiederaufzunehmen. Doch der Friede sollte nicht andauern.

Es war Amaury von Montfort, der den »Guten Christen« das Leben schwer machte, wenn auch ohne Absicht. Nachdem er mehrere Jahre lang gegen Raymond VII. und Roger Bernard von Foix an Boden verloren hatte, schloss er im Sommer 1223 Waffenstillstand mit Raymond. Im darauffolgenden Januar übernahm Raymond die Kontrolle über Toulouse, und im Monat darauf gab sich Amaury endgültig geschlagen. Er trat alle seine Ansprüche im Languedoc an König Ludwig VIII. ab. Die Adeligen im Süden hatten nun einen einzigen mächtigen Feind: die französische Krone.

▶ Der hl. Dominikus überwacht die Verbrennung katharischer Schriften während des Albigenserkreuzzugs, um sicherzustellen, dass von ihren schriftlichen Lehren keine Spur blieb.

Der Friede von Paris

König Ludwig war nicht der Einzige, der im Süden ein für allemal Ruhe schaffen wollte. Der neue päpstliche Legat in Frankreich und im Languedoc, Romano di San Angelo, war skrupellos und verschlagen, der ideale Mann, um die Adeligen im Süden, vor allem Raymond VII., weiter zu bedrängen. Raymond handelte unter der Anleitung von Arnold Amaury, der seit der Exkommunikation Simons von Montfort – man glaubt es kaum – mit dem Süden sympathisierte. Raymond und Arnold boten den Montforts eine Reihe von Reparationszahlungen an. Darüber hinaus würde Raymond der französischen Krone den Treueid schwören und versprechen, die Katharer aus seinem Land zu vertreiben. Doch Romano wollte den Kreuzzug fortsetzen und sorgte dafür, dass der Friedensplan von Raymond und Arnold nicht zum Tragen kam, indem er Raymond Anfang 1226 exkommunizierte.

▼ Während der Belagerung von Avignon starben über 3000 Kreuzfahrer, bevor die Stadt sich schließlich ergab.

Im Sommer dieses Jahres belagerten die Kreuzzügler Avignon.
Es war ein für beide Seiten erschöpfendes Unterfangen, und Ludwig
und seine Armee litten in der Augusthitze an einer Ruhrepidemie. Als
die Stadt sich endlich ergab, waren 3000 Kreuzfahrer gestorben. Die
Nachricht, dass die große Stadt Avignon kapituliert hatte, verbreitete
sich schnell.

Von nun an mussten die Kreuzzügler nicht mehr viel kämpfen:
Ihre Armee war so riesig, dass die Adeligen des Südens sich bei ihrem
Anblick sofort ergaben. Bedroht von der Vernichtung wurden aus ehemaligen Sympathisanten der Katharer wie Bernard Otto von Niort,
dem Neffen von Aimery von Montréal und Geralda von Lavaur,
plötzlich überzeugte Unterstützer des Kreuzzugs. Die einzige militärische Herausforderung für die Kreuzfahrer waren Angriffe durch die

▲ Der Fall von Avignon (hier ist die
heutige Stadt abgebildet) erwies
sich als Wendepunkt in dem Feldzug
gegen die Katharer in Frankreich.

Streitkräfte von Raymond VII. und Roger Bernard von Foix, die sich jedoch eher als lästig denn als echte Gefahr erwiesen. Die Ruhr richtete größeren Schaden an als die Streitkräfte von Toulouse und Foix: Ludwig erkrankte selbst schwer daran und starb am 8. November in Montpensier.

Ludwigs Sohn, Ludwig IX., war beim Tod seines Vaters erst zwölf Jahre alt, und so wurde seine Mutter, Blanche von Kastilien, Regentin. Sie hatte beschlossen, dass der Tod ihres Mannes nicht umsonst gewesen sein durfte, und forcierte den Feldzug zur Unterdrückung der Adeligen im Süden und zur Ausrottung der Katharer. Mit Kardinal Romano als ihrem wichtigsten Berater befahl sie ihrer Armee, im Süden zu bleiben und zu beenden, was ihr Mann begonnen hatte.

Ende der 1220er Jahre verkam der Kreuzzug zu einer immer wieder unterbrochenen Abfolge von Schlachten zwischen den Kreuzzüglern und den Adeligen. Diese Situation hätte sich noch lange hinziehen können, wären die Kreuzfahrer 1228 nicht zu einer extremen Politik der verbrannten Erde übergegangen. Sie waren jedoch viel gründlicher als Raymond Roger Trencavel 1209 in Carcassonne und zerstörten das Land um Toulouse bis auf den letzten Grashalm: Felder wurden niedergebrannt, Obstbäume gefällt, Wasserquellen vergiftet. Anfang 1229 blieb Raymond keine Wahl mehr: Er musste um Frieden bitten. Am 12. April 1229 wiederholte sich die Geschichte. Ray-

▲ Ein illustriertes Manuskript, das in der ersten Hälfte König Ludwig als Anführer des Kreuzzugs und dann auf seinem Totenbett zeigt, nachdem er an der Ruhr erkrankt war.

mond VII. wurde wie sein Vater öffentlich gegeißelt. Die Abmachung, unter der die Geißelung stattfand, wurde als Friede von Paris bekannt. Die Kirche und der König hatten den Grafen von Toulouse in der Zange. Raymonds Ländereien wurden von der französischen Krone beschlagnahmt. Man ließ ihm nur Toulouse und ein paar kleinere Städte, die er bis an sein Lebensende behalten durfte.

Außerdem musste er sein einziges Kind, eine neun Jahre alte Tochter, mit einem der jüngeren Brüder Ludwigs verheiraten. Ferner musste er eine neue Universität in Toulouse gründen und finanzieren, in der von der Kirche genehmigte Theologen neue Geistliche in der wahren Lehre unterweisen würden.

So endete der Albigenserkreuzzug. Nach zwanzig Jahren des Kriegs kehrte das Leben im Languedoc langsam zur Normalität zurück, doch die Aufforderung des hl. Bernhard, die »kleinen Füchse« zu fangen, bevor sie den Weinberg aufwühlten, schien nun zutiefst ironisch: Der Weingarten des Languedoc war tatsächlich aufgewühlt, doch die Zerstörung war nicht das Werk der kleinen Füchse gewesen. Obwohl sie es damals noch nicht wissen konnten, hatten die kriegsmüden Bewohner des Languedoc – Katharer wie Katholiken – wenig Zeit, sich am Frieden zu erfreuen, bevor ein neuer Terror über sie hereinbrach: die Inquisition.

▶ Nächste Seite: Überreste der Burg Quéribus in Languedoc-Roussillon, wo viele Katharer während der Verfolgung durch Simon von Montfort Zuflucht suchten.

▼ Die Taufe von Ludwig IX., der nach dem Tod seines Vaters als 12-Jähriger den Thron bestieg.

7 Die Inquisition

DIE MILITÄRISCHEN INTERVENTIONEN ZUR VERNICHTUNG DES KATHARISMUS WAREN FEHLGESCHLAGEN. DESHALB WÄHLTE DIE KATHOLISCHE KIRCHE EINE NEUE STRATEGIE, DIE EBENSO SUBTIL WIE BRUTAL WAR: DIE INQUISITION.

Einleitung

Während französische Truppen das Languedoc verwüsteten, wurde im Lateranpalast eine andere Art der Zerstörung geplant. Papst Honorius war 1227 gestorben, und sein Nachfolger, Gregor IX., war einer von Innozenz' Neffen und ebenso wie dieser an Rechtsfragen interessiert. Gregor erkannte, dass die Kirche, wenn sie die Katharer ausrotten wollte, nicht nur militärisch gegen sie vorgehen musste, sondern auch ein Instrument brauchte, um Individuen zu verfolgen. Es war offensichtlich, dass die Dualisten im Languedoc und anderen Teilen Europas immer noch aktiv waren, und die Entdeckung von Katharern in Rom im Jahr 1231 kann Gregor in seinem Entschluss nur bestärkt haben.

Die Inquisition beruhte auf Vorgehensweisen, die unter Innozenz eingeführt worden waren, um gegen abtrünnige Priester vorzugehen. Was ursprünglich als Methode gedacht war, um den Klerus auf Linie zu halten, sollte »eine der wirkungsvollsten Methoden der Gedankenkontrolle, die Europa je gekannt hat« werden.

▶ Der hl. Dominikus überwacht die Verbrennung von Ketzern. Bilder wie dieses sollten die Menschen ermahnen, die kirchlichen Lehren zu befolgen.

◀ Papst Gregor IX. intensivierte den Feldzug gegen die Katharer mithilfe der Dominikaner.

Die Inquisition im Languedoc

Die Inquisition begann im Rheinland. Der oberste Inquisitor, Konrad von Marburg, fand Häresie, wo immer er sie suchte. Mit seinen undifferenzierten Methoden machte er sich viele Feinde, darunter auch die Erzbischöfe von Trier und Mainz, und schließlich wurde er von einem empörten Franziskanermönch umgebracht.

Gregor schien die Beschwerden über Konrad ernst genommen zu haben. Er erkannte, dass die Inquisition, wenn sie erfolgreich sein sollte, wesentlich methodischer und gründlicher vorgehen musste. Im Frühjahr 1233 wurden Inquisitoren in Toulouse, Albi und Carcassonne ernannt. Ihre Ankunft im Süden war der eigentliche Beginn der Inquisition, die für die nächsten hundert Jahre ein grausamer Bestandteil des Lebens der Bewohner im Languedoc bleiben sollte.

▼ Der Franziskanerorden, der zur Zeit von Franz von Assisi (Bild) als besonders mildtätig galt, erwies sich bei der Verfolgung der Katharer als ebenso gnadenlos wie der Dominikanerorden.

Wenn die Inquisition in eine Stadt oder ein Dorf kam, sprachen ihre Mitglieder zunächst mit den örtlichen Geistlichen, um sie über ihr Vorgehen aufzuklären. Dann hielten die Inquisitoren eine Predigt in der Kirche, in der sie von allen Männern über 14 und allen Frauen über 12 ein Glaubensbekenntnis verlangten. Wer dies nicht tat, war automatisch verdächtig und wurde als Erstes befragt. Die Gemeinde musste einen Eid gegen die Ketzerei schwören und dreimal pro Jahr zur Beichte gehen. Die Inquisitoren forderten dann die Anwesenden auf, über ihre Taten nachzudenken und für die darauffolgende Woche eine vertrauliche Aussage vorzubereiten, in der sie entweder ihre eigenen Sünden gestehen oder ihre Nachbarn denunzieren konnten. Katharer, die freiwillig gestanden, wurden in anderen Gebieten angesiedelt, in denen es keine Ketzer gab, und mussten auf ihrer Kleidung zwei aufgenähte Kreuze tragen. Bekannte oder verdächtigte Häretiker, die nicht freiwillig innerhalb der ersten Woche gestanden hatten, mussten vor der Inquisition erscheinen. Ketzer waren nach Ansicht der Inquisition die Perfecti selbst sowie alle, die ihnen Zuflucht boten, sie verehrten (d. h. das *Melioramentum* ausführten), Zeuge einer Häretisierung wurden (d. h. eines *Consolamentum*) und sie nicht denunzierten. Die Inquisitoren brauchten mindestens zwei Zeugen, um jemanden zu verurteilen. Die Namen von Zeugen wurden jedoch nicht preisgegeben, sodass es den Leuten umso leichter fiel, jemanden anzuzeigen, der ihnen, aus welchen Gründen auch immer, nicht zu Gesicht stand.

Sobald die Inquisition die Häretiker namentlich kannte, verfolgte sie die Verdächtigen ohne Gnade. Die Inquisitoren waren befugt, ein Haus zu durchsuchen und jedes Gebäude niederzubrennen, in dem sich Ketzer versteckt hatten. Jeder, der ein Altes oder Neues Testament besaß, war verdächtig, und die Kranken und Sterbenden wurden genau beobachtet, für den Fall, dass sie »gottlose und verabscheuungswürdige Dinge« vorhatten (d. h. das *Consolamentum* zu empfangen). Wurde ein Verdächtiger gefangen, wurde er mit Fragen bedrängt.

Das Schicksal einer alten Frau veranschaulicht den Fanatismus, mit dem die Inquisitoren ihrer Arbeit nachgingen. Diese Frau, eine katharische Gläubige, wollte auf ihrem Totenbett das *Consolamen-*

▶ Die Mönche des Zisterzienser-klosters in Moissac gewährten von der Inquisition verfolgten Katharern Zuflucht.

tum empfangen. Ihre Familie schickte nach einem Perfectus, der ihren Wunsch erfüllte und schnell wieder verschwand, bevor die Inquisitoren davon erfuhren. Doch diese hörten davon und eilten ins Haus der alten Frau, um sie zu verhören. Sie glaubte, sie spreche zu dem katharischen Bischof, Guilhabert von Castres, und beschrieb ihren Glauben in allen Einzelheiten. Das war genug. Obwohl sie nur noch wenige Stunden zu leben hatte, wurde sie in ihrem Bett aus dem Haus getragen und verbrannt.

Trotz ihrer Macht stießen die Inquisitoren auf erbitterten – teilweise auch gewaltsamen – Widerstand. In Albi hatten die Assistenten des Inquisitors Arnold Catalan zu große Angst, um den Leichnam einer Frau auszugraben, die nach ihrem Tod der Ketzerei beschuldigt worden war. Aufgebracht ging Arnold selbst auf den Friedhof, begleitet von einigen Männern des Bischofs. Er tat die ersten Spatenstiche und wollte das Graben den Männern des Bischofs

▲ Das heutige Narbonne, wo die verfolgten Katharer sich gegen die Inquisition zur Wehr setzten und ein Dominikanerkloster plünderten.

überlassen, doch bevor sie sich an die Arbeit machen konnten, fiel eine Menschenmenge über Arnold her und prügelte ihn fast zu Tode. Nur durch das Eingreifen einer bewaffneten Delegation des Bischofs konnten sie daran gehindert werden, den bewusstlosen Inquisitor in den Fluss Tarn zu werfen. Während Arnold in der Sicherheit der Kathedrale zu sich kam, verlangte die Menge draußen laut schreiend, dass ihm der Kopf abgeschlagen, in einen Sack gesteckt und in den Fluss geworfen werde. Daraufhin exkommunizierte Arnold die gesamte Stadt. Zu ähnlichen Vorfällen kam es auch in anderen Städten und Dörfern.

Raymond VII. unterstützte die Inquisition anfänglich, er hatte auch kaum eine andere Wahl, doch 1235 ergab sich die Gelegenheit, zurückzuschlagen. Die Beziehung zwischen dem Papsttum und dem Kaiser des Heiligen Römischen Reiches, Friedrich II., wurde immer angespannter. Sie war nie sehr gut gewesen: Eine von Gregors ersten Handlungen als Papst war die Exkommunikation Friedrichs gewesen, weil dieser seine Teilnahme am Kreuzzug hinausgezögert hatte. Raymond bot dem Papst an, im Languedoc für Gregor einzugreifen, wenn dieser seine Inquisitoren zu mehr Zurückhaltung anhielte. Gregor nahm das Angebot an und versuchte, die fanatischsten Vertreter der Inquisition im Languedoc im Zaum zu halten. Als die Bewohner von Toulouse sahen, dass sie an Boden gewonnen hatten, verstärkten sie ihren Widerstand.

Katharer und ihre Sympathisanten wurden versteckt oder aus der Stadt geschmuggelt.

Die Lage spitzte sich zu, bis die Inquisitoren im Oktober von einer johlenden Menge, die sie mit Steinen und Exkrementen bewarfen, aus der Stadt verjagt wurden. Der Papst, der erkannte, dass er Raymond als Verbündeten brauchte, konnte wenig mehr tun, als dem Grafen einen verärgerten Brief zu schreiben. Er ernannte einen Franziskanermönch, Stephan von St. Thibéry, zum neuen Inquisitor, in der Hoffnung, dass der Ruf der Franziskaner, humaner als ihre dominikanischen Glaubensbrüder zu sein, die Spannungen etwas mildern würde. Leider erwies sich dieser Schritt als Bumerang, denn Stephan entpuppte sich als ebenso fanatisch wie die Dominikaner.

Dennoch erzielte die Inquisition einige Erfolge. Zwei Perfecti, die zum Katholizismus konvertiert waren, Raymond Gros und Wilhelm von Soler, gaben die Namen von Dutzenden Häretikern preis. Außerdem verrieten sie den Inquisitoren, dass die Perfecti verschiedene Strategien entwickelt hatten, um sich vor der Verfolgung zu retten: Einige männliche und weibliche Perfecti reisten in Paaren und gaben vor, Eheleute zu sein. Einige aßen demonstrativ Fleisch in der Öffentlichkeit. Andere tauschten ihre schwarzen Kutten gegen dunkelblaue oder dunkelgrüne. Solche Tricks wurden von der Inquisition natürlich sofort als ein Beweis für die Gerissenheit und Falschheit der Häretiker gewertet, obwohl die katholische Kirche erst die Ursache dafür war, dass die Häretiker gezwungen waren, zu diesen verzweifelten Methoden zu greifen.

▼ Das Siegel von Raymond VII., dem Grafen von Toulouse, der versuchte, die Inquisition im Languedoc einzudämmen.

Die Revolte der Trenca-vels und Saint-Gilles

Als die Inquisition ihre verhasste Arbeit fortsetzte, wuchs die Unzufriedenheit. Raymond Trencavel, der Sohn von Raymond Roger, versuchte, aus diesem Unwillen Profit zu schlagen. Aus dem Exil in Aragonien stellte er eine Armee auf, die 1240 Carcassonne, den Sitz seiner Vorfahren, belagerte. Nach mehr als einem Monat blutiger aber ergebnisloser Zusammenstöße, einigte man sich auf einen Waffenstillstand. Raymond Trencavel würde sein Geburtsrecht niemals zurückerhalten, doch zumindest war er mit dem Leben davongekommen.

Raymond VII. hatte sich an der Revolte der Trencavel nicht beteiligt, doch als Gregor VII. im folgenden Jahr starb, sah er eine Gelegenheit, die Kirche zurückzudrängen. Das Papsttum war zu diesem Zeitpunkt nicht in der Lage, ihn aufzuhalten: Gregors Nachfolger, Coelestin IV., blieb nur 17 Tage lang Papst, und aufgrund der Angriffe von Friedrich II. auf Rom verzögerte sich die Wahl seines Nachfolgers, Innozenz IV., bis Juni 1243. Doch Raymond war es schon im Frühjahr 1242 gelungen, König Heinrich III. von England und Hugo von Lusignan, den mächtigsten Baron von Aquitanien, als Verbündete zu gewinnen.

Wie zur Ankündigung der Revolte wurden die Inquisitoren Stephan von St. Thibéry und Wilhelm Arnold am 28. Mai in Avignon von einer kleinen Gruppe von Sympathisanten der Katharer aus Montségur getötet. Die Nachricht verbreitete sich schnell und wurde mit Begeisterung aufgenommen.

▼ Heinrich III. von England, der sich mit Raymond VII. gegen den Papst verbündete.

Innerhalb weniger Tage schlugen Raymonds Streitkräfte zu und nahmen rasch französische und dominikanische Besitztümer ein. Ende des Sommers sah es so aus, als würde die Revolte gelingen, doch dann wendete sich das Blatt: Heinrich landete mit einer zu kleinen Streitmacht, die bei einem Zusammenstoß mit französischen Truppen in der Nähe von Bordeaux vernichtend geschlagen wurde. Unter Heinrichs Rittern war auch Simon von Montfort der Jüngere, der ebenso die Seite gewechselt hatte wie Arnold Amaury. Hugo von Lusignan, der plötzlich fürchtete, sich auf die Verliererseite geschlagen zu haben, verbündete sich mit den Franzosen. Den Todesstoß versetzte der Revolte jedoch ausgerechnet Roger Bernard von Foix. Obwohl sich seine Familie seit Generationen für den Süden, für die Katharer und gegen die Franzosen eingesetzt hatte, hielt auch Roger Bernard die Revolte für aussichtslos und handelte einen Separatfrieden mit den Franzosen aus. Raymond VII. wusste, dass nun alles verloren war, und ergab sich im Januar 1242. Damit war die Macht seiner Familie im Languedoc beendet.

▶ Innozenz IV. wurde 1243 Papst, zu einer Zeit, als die Kirche im Languedoc von Streitkräften unter der Führung von Raymond VII. angegriffen wurde.

Der Fall von Montségur

Nun blieb noch ein Zentrum des Katharismus: die pyrenäische Burg Montségur, die sogenannte »Synagoge des Teufels«. Sie war seit den Tagen von Innozenz' »Unternehmen des Friedens und Glaubens« ein wichtiger Stützpunkt der Katharer. Bei einem Konzil in Béziers im Frühjahr 1243 beschloss man, dass Montségur fallen müsse. Ende Mai stand eine Armee unter Führung von Hugo von Arcis, dem königlichen Seneschal in Carcassonne am Fuß der Burg. Montségur galt als uneinnehmbar, und so machte sich Hugos Armee auf eine lange Belagerungszeit gefasst.

Montségur war 1204 von Raymond von Pereille errichtet worden. Er war ein Gläubiger, seine Mutter und seine Schwiegermutter beide Vollkommene. Die Burg war den Katharern während des Albigenserkreuzzugs ein Ort der Zuflucht gewesen. Als die Inquisition begann, wandte sich Guilhabert von Castres, der Katharerbischof von Toulouse, mit der Bitte an Raymond, die Burg zum Zentrum des Glaubens zu machen. Als Guilhabert

▲ Die Burg Montségur in den Pyrenäen diente den Katharern während des Albigenserkreuzzugs lange als Zufluchtsort, wurde aber letztendlich von den Kreuzzüglern erobert.

ca. 1240 starb (eines natürlichen Todes), beherbergte die Burg rund 200 Perfecti, die Guilhaberts Nachfolger, Bertrand Marty, unterstanden. Sie wurden von einer Garnison mit 98 Rittern beschützt, angeführt von Pierre Roger von Mirepoix, den Raymond von Pereille zu seinem militärischen Burgherrn ernannt hatte. Raymond hatte vorhergesehen, dass die Glaubensgemeinschaft bewaffneten Schutz brauchen würde, als die Inquisition ihre Arbeit im Languedoc forcierte. Pierre Roger stammte aus einer Familie von katharischen *Credentes*, hatte aber selbst mehr mit den kriegerischen Paulikianern gemein als mit den pazifistischen Perfecti: Er war bewaffneten Raubüberfällen nicht abgeneigt, um die Gemeinde zu ernähren, und war der Anstifter zu den Morden in Avignonet gewesen. In seiner Blütezeit war Montségur ein geschäftiges Zentrum nicht nur des Glaubens, sondern auch des Handwerks gewesen. Pilger reisten von weit her, um die Perfecti predigen zu hören, das *Consolamentum* zu empfangen oder einfach nur einige Zeit an diesem sicheren Ort zu verbringen. Wenn die Perfecti nicht damit beschäftigt waren, die Bedürfnisse der Gläubigen zu erfüllen, halfen sie beim Erhalt der Gemeinschaft und arbeiteten als Weber, Schmiede, Kerzengießer, Doktoren und Kräutersammler. Als die Belagerung begann, lebten in Montségur insgesamt etwa 400 Menschen.

Hugo von Arcis hatte nicht genug Männer, um den fast zwei Kilometer messenden Fuß des Berges zu umstellen, und Belagerungsmaschinen waren in einem so schroffen Gelände nutzlos. Hugo blieb

▼ Das schwierige Terrain rund um Montségur machte den Einsatz traditioneller Belagerungsmaschinen unmöglich.

keine andere Wahl, als zu versuchen, die Burg durch direkten Angriff einzunehmen. Seine Streitkräfte versuchten mehrmals, zum Gipfel vorzudringen, doch jedes Mal mussten sie den Pfeilen und anderen Geschossen weichen, die Pierre Roger und seine Männer über den Burgwall auf sie abfeuerten. Die Monate vergingen, und bis Weihnachten sank die Moral von Hugos Armee. Er brauchte einen Durchbruch. Er befahl, die Bastion auf dem Roc de la Tour anzugreifen, einen spitzen Felsen östlich des Gipfels. Die Männer kletterten in der Nacht auf den Roc, überraschten die Garnison und töteten alle Verteidiger. Als der Morgen anbrach, sahen die königlichen Soldaten mit Entsetzen, wie steil die Felswand war, die sie erklommen hatten, und schworen, dass sie den Aufstieg bei Tag nie geschafft hätten. Dieser Sieg verschaffte den königlichen Streitkräften eine starke Position in der Nähe der Hauptburg, und man begann sofort, Katapult- und Wurfmaschinen aufzustellen und die Burg zu beschießen.

Innerhalb der Burgmauern vertieften sich die Belagerten in ihren Glauben. Während Pierre Rogers Männer zurückschossen, kümmerten sich Bertrand Marty und Raymond Agulher, der Katharerbischof von Razès, um die religiösen Bedürfnisse der Garnison und der Nichtkämpfenden. Ein Bote überbrachte die Nachricht, dass Raymond VII. die Befreiung Montségurs plane. Auch das Gerücht,

▼ Als Montségur 1244 fiel, wurden über 200 Katharer auf dem Scheiterhaufen verbrannt.

dass Friedrich II. eine Rettungsmission vorbereite, erreichte die Burg. Die Wochen vergingen, doch nichts geschah. Am 2. März 1244 verkündete Pierre Roger schließlich die Kapitulation. Die Sieger zeigten sich gnädig: Wer sich der Befragung durch die Inquisitoren stellte und der Kirche einen Treueid schwor, durfte gehen. Begangene Verbrechen wie die Morde in Avignonet waren vergeben. Die Perfecti standen vor derselben schwierigen Wahl wie ihre Brüder in Minerve und Lavaur: dem Katharismus abzuschwören oder auf dem Scheiterhaufen zu brennen. Sie bekamen zwei Wochen Zeit, um sich zu entscheiden.

Für die Perfecti gab es nichts zu überlegen. Keiner der 200 war bereit, zu widerrufen. Sie nutzten die zwei Wochen, um ihr Hab und Gut an ihre Familien und Anhänger zu verteilen. Pierre Roger erhielt 50 Wamse, die die Perfecti angefertigt hatten, die er nach seinem Gutdünken verkaufen oder verschenken sollte. Am letzten Sonntag des Waffenstillstands baten 21 Credentes um die Erteilung des *Consolamentum*. Sie wussten, dass sie damit den Tod auf den Scheiterhaufen wählten, die am Fuß des Bergs bereits errichtet wurden.

Wenn es in der Geschichte des Katharismus etwas gibt, das die Macht dieses Glaubens verdeutlicht, ist es dieses Ereignis. Alle erhielten das *Consolamentum*.

In den frühen Morgenstunden des 16. März 1244 wurde Montségur geräumt. Pierre Roger, seine Ritter und ihre Familien wurden freigelassen und mussten zusehen, wie die Perfecti zu den Scheiterhaufen geführt wurden. Sie kamen aus den verschiedensten sozialen Schichten, und auch Raymonds von Pereille Frau und Tochter waren unter ihnen. In Anwesenheit von Hugo von Arcis und Pierre Amiel, dem Erzbischof von Narbonne, wurden die Scheiterhaufen angezündet. Bis heute wird dieser Ort das »Feld der Verbrannten« genannt.

▲ Ein Gedenkstein für die 200 Katharer, die nach dem Fall von Montségur auf dem Scheiterhaufen verbrannt wurden.

Die Inquisition nach Montségur

Als auch die letzte Hochburg des Katharismus gefallen war, blieben den Perfecti und Credentes nur noch wenige Zufluchtsorte und noch weniger Beschützer. Das musste auch ein gewisser Peter Garcias 1247 am eigenen Leib erfahren: Sein Verwandter, ein Franziskaner namens Wilhelm, lud ihn ein, um Fragen des Glaubens und der Lehre zu diskutieren. Bei diesem Gespräch empörte sich Peter über die

Kirche von Rom und nannte sie eine »Hure, die Gift verabreicht«. Leider war er zu vertrauensvoll: Wilhelm zog einen Vorhang zurück, hinter dem mehrere Sekretäre Peters Aussagen sorgfältig mitgeschrieben hatten. Er wurde sofort der Inquisition übergeben.

Wilhelm Garcias war nicht der einzige, der Familienmitglieder an die Inquisitoren verriet. Ein ehemaliger Perfectus, Sicard von Lunel, denunzierte neben den eigenen Eltern noch ganze Scharen seiner früheren Glaubensbrüder und Helfer, »ob sie ihm ein Bett für die Nacht angeboten oder einen Topf Honig gegeben hatten«. Sicards Verrat wurde von der Kirche großzügig belohnt, und er erreichte ein stattliches Alter.

◀ Die Inquisition verlangte ihren Opfern vor der Hinrichtung ein Eingeständnis ihrer Schuld ab – ein Vorgehen, das in repressiven Regimen bis heute üblich ist.

Die Schlinge wird zugezogen

In den Jahren nach dem Fall von Montségur erreichte die Inquisition im Languedoc unter der Führung von Bernard de Caux und Jean de St. Pierre unvorstellbare Ausmaße. Über 5000 Protokolle sind aus dieser Zeit erhalten, die aber nur einen Bruchteil der Aufzeichnungen darstellen. Malcolm Lambert schreibt in diesem Zusammenhang, dass Bernard, Jean und ihre Ordensbrüder versuchten, »ein vollständiges, allumfassendes Bild vom Glauben, den Praktiken und der Unterstützung des Katharismus in den Gebieten, in denen er verbreitet war« zu schaffen.

Katharer, die von den Inquisitoren befragt wurden, standen vor einem schrecklichen Dilemma, denn die Perfecti durften weder lügen noch einen Eid ablegen. Was sie auch taten, sie verstießen auf jeden Fall gegen ihre Überzeugungen. Einige entschieden sich, die Wahr-

▼ Überreste der Katharerburg in Peyrepertuse, die für die damaligen Festungsanlagen typisch war.

◄ Die Burg Puivert im Languedoc, die 1210 an Simon von Montfort fiel.

heit zu sagen und belasteten dadurch andere Vollkommene, Gläubige und Sympathisanten, während andere logen und so wenig wie möglich preisgaben. Wieder andere entschieden sich, zu kollaborieren, und wurden Doppelagenten. Sie lebten weiter als katharische Gläubige, beherbergten Perfecti auf der Flucht und verrieten sie dann. Das war riskant, denn es kam oft zu Vergeltungsschlägen gegen die Überläufer. Einer von ihnen war Arnold Pradier, ein ehemaliger Perfectus, der zum Katholizismus konvertiert war und anfing, seine ehemaligen Glaubensbrüder zu denunzieren. Die Kirche brachte ihn und seine Frau in einem sicheren Haus, dem Château Narbonnais in Toulouse, unter, wo sie auf Kosten der Kirche ein gutes Leben führten.

Obwohl der Widerstand andauerte – in Castelbon wurden der Inquisitor vergiftet und die Burg angegriffen – konnten die Leute letztendlich nicht viel tun. Die Inquisition wurde zu einem Bestandteil ihres Lebens. Wer im Verdacht stand, ein falsches oder unvollständiges Zeugnis abgelegt zu haben, wurde erneut vor die Inquisitoren geschleppt und befragt, egal ob Adeliger oder Bauer. Dieses Vorgehen machte den meisten Adeligen klar, dass es sinnlos war, sich der Kirche zu widersetzen. Selbst Raymond VII. begann, verdächtige Häretiker zu verfolgen, und ließ im Juni 1249 80 Menschen verbrennen.

8 Die letzten Jahre

WEDER KRIEG NOCH VERFOLGUNG HATTEN DEN KATHARISMUS VOLLSTÄNDIG AUSROTTEN KÖNNEN. IM LANGUEDOC LEBTE DIE BEWEGUNG WEITER UND FAND IN ANDEREN REGIONEN WEST-EUROPAS NEUE ANHÄNGER.

Einleitung

Trotz der unermüdlichen Anstrengungen der Inquisition hatte sie die tiefen Wurzeln, die der Katharismus geschlagen hatte, nicht restlos beseitigen können. Selbst nach all den Gräueltaten und Plagen schienen die Menschen nicht bereit, ihre Religion ganz aufzugeben. Laut dem Bericht einer adeligen Vollkommenen aus Sabartès namens Stéphanie de Châteauverdun lebten die Perfecti, die noch übrig waren, in den Bergen. Einer von ihnen, Wilhelm Prunel, dessen Laufbahn von ca. 1258 bis 1283 dauerte, war zwar als Katharer bekannt, doch niemand verriet ihn. Wilhelm fuhr fort, den Glauben zu verbreiten, und zählte Adelige ebenso wie Geistliche zu seinen Anhängern. Ein anderer Perfectus, Wilhelm Pagès, war im selben Zeitraum aktiv. Er war der Inquisition entronnen, weil er sich in der Lombardei versteckt gehalten hatte.

Die Arbeit der Inquisition wurde durch die schwierigen Beziehungen zwischen Inquisitoren, Bischöfen und königlichen Beamten behindert. In Albi stritten sich der Bischof und die Inquisitoren jahrelang mit königlichen Beamten wegen der Konfiskation des Eigentums verurteilter Katharer: Der Bischof trat für Milde ein, um die betroffenen Familien vor dem Ruin zu bewahren, und wurde darin erstaunlicherweise von den Inquisitoren

◄ Philipp IV. von Frankreich, der sich nach einem Steuerstreit mit dem Papst gegen die Inquisition und auf die Seite der Katharer stellte.

unterstützt. Wütende Einwohner der Stadt attackierten königliche Beamte, und im Gegenzug plünderten königliche Streitkräfte die Bastiden des Bischofs (neu entstandene, befestigte Städte). Die Situation verschlechterte sich in den letzten 20 Jahren des

▲ Der Erzbischof von Narbonne, Bernard de Farges, ordnete 1321 die Verbrennung des letzten Präfekten der Katharer, Guillaume Bélibaste, auf dem Scheiterhaufen an.

13. Jahrhunderts, und die Zahl der Beschwerden gegen die Inquisitoren nahm zu: In den 50 Jahren vor 1275 hatte es nur zwei gegeben, zwischen 1275 und 1306 gab es 30. Die Inquisition schlug zurück und beschuldigte königliche Beamte des Komplizentums mit Häretikern. Noch komplizierter wurde die Sache durch die nicht immer harmonische Beziehung zwischen dem französschen König, Philipp IV., und dem Papsttum. Philipp stellte sich gegen die Inquisitoren. Als Folge dieser Spannungen waren Festnahmen wegen Häresie in den letzten Jahren des 13. Jahrhunderts größtenteils politisch motiviert. Als Papst Bonifaz VIII. 1303 starb, zog Philipp seine Unterstützung zurück, und die Inquisitoren konnten ihre Arbeit relativ ungestört fortsetzen. Währenddessen geschah etwas völlig Unerwartetes: ein Wiederaufleben des Katharismus.

Pierre Autier

Pierre Autier, der um 1240 geboren wurde, kam aus der kleinen Stadt Ax-les-Thermes nördlich von Foix, wo er sich ein angenehmes Leben als Notar eingerichtet hatte. Er hatte eine Ehefrau, eine Geliebte und Familien mit beiden Frauen, was aber seinem gesellschaftlichen Ansehen keinen Abbruch tat. In den 1270er Jahren hatte das Familienunternehmen für Roger Bernard III. von Foix gearbeitet und in der Folge noch mehr staatliche Aufträge erhalten, was sowohl dem Status als auch der Kasse des Unternehmens wohl bekam. Im Jahr 1296 sollte sich sein Leben von Grund auf ändern.

Pierre und sein Bruder Guillaume beschlossen, in die Lombardei zu reisen – wo es noch aktive Katharergemeinden gab –, um das

▶ Barolo in der Lombardei, wo Pierre und Guillaume Autier eine starke Katharergemeinde vorfanden und das *Consolamentum* empfangen konnten.

Consolamentum zu empfangen. Seine Familie hatte dem Katharismus nahegestanden, doch dass Pierre bereit war, seinem sehr komfortablen Leben den Rücken zu kehren, ist dennoch bemerkenswert.

Anfang Oktober 1296 brachen er und Guillaume in die Lombardei auf. Sie reisten mit Bon Guilhelm, Pierres unehelichem Sohn, und Pierre de la Sclana, anscheinend ein enger Mitarbeiter. Unterwegs stießen noch Pierres Tochter und deren Mann zu ihnen. Pierre und Guillaume erhielten das *Consolamentum* von einem italienischen Perfectus in Cuneo, einer Stadt im südwestlichen Piemont, die seit Mitte des Jahrhunderts ein Zentrum für Katharer aus dem Languedoc war. Am Tag des hl. Martin (11. November) tauchte Bon Guilhem wieder in Ax auf. Er informierte die Familie und die Freunde der Autiers, dass Pierre und Guillaume in Italien Perfecti geworden waren und zurückkehren würden, sobald sie es für angemessen hielten.

▲ Katharer erhielten Nahrung und Unterschlupf durch ein umfassendes Netzwerk von Unterstützern, das sich über einen Großteil von Norditalien erstreckte.

Pierre kam als Erster zurück und erreichte Toulouse im Herbst 1299. Der Zweck dieses Besuchs war ein Treffen mit einem Geldwechsler, vermutlich um finanzielle Mittel für seine Mission zu beschaffen. Trotz sorgfältiger Planung flog seine Deckung sofort auf. Er wurde von Pierre de Luzenac erkannt, dem Sohn einer reichen Witwe, den Pierre Autier drei Jahre zuvor zum Katharismus hatte bekehren wollen. Der junge de Luzenac studierte Rechtswissenschaften und hatte hohe Schulden. Die beglich Pierre Autier, um sein Schweigen zu erkaufen.

Währenddessen tauchte Guillaume in Tarascon auf, wo er ihre Mission vorbereitete. Während ihres Aufenthalts in der Lombardei waren die Brüder mit ihrer Familie zu Hause in Kontakt geblieben, und diese hatte für ein Netzwerk von sicheren Unterkünften für die Brüder gesorgt. Im Winter und Frühjahr des Jahres 1300 lebten Guillaume und Pierre Raymond von Saint-Papoul, ein weiterer Perfectus, in einem Taubenschlag, der einer Familie von katharischen Gläubigen gehörte. Angesichts der Macht der Inquisition mussten Pierre und Guillaume mit größter Vorsicht handeln, wenn ihre Mission auch nur eine geringe Aussicht auf Erfolg haben sollte.

Und sie war erfolgreich. Die Brüder erteilten etwa einem Dutzend anderer das *Consolamentum*, die ihnen halfen, die Lehre

▼ Tarascon, wo Guillaume Autier die Katharer-Mission vorbereitete.

zu verbreiten. Unter ihren Anhängern war auch Aude Bourrel, die als letzte weibliche Vollkommene in die Geschichte eingehen sollte. Bernard Marty – möglicherweise ein Verwandter des berühmten Katharerbischofs Bertrand Marty – war ein Schafhirte, der häufig als Kundschafter und Begleiter fungierte, während sein älterer Bruder Arnold einer der Autier-Perfecti werden sollte. Martin Francès aus Limoux übernahm die Aufgabe des Schatzmeisters der Gruppe. Sie erhielt Geschenke von Bertrand von Taix, einem Adeligen, der sein ganzes Leben katharischer Gläubiger war und seine Glaubensbrüder im Bedarfsfall auf seinem Land wohnen ließ.

Kaum hatte die Gruppe im Frühjahr 1300 ihre Arbeit aufgenommen, geriet sie in Gefahr. Sie wurde von einem gewissen Guillaume Dejean kontaktiert, der sich als katharischer Gläubiger ausgab. Er bekundete sein Interesse, der Autier-Gruppe beizutreten, besuchte aber am folgenden Tag das Dominikanerkloster in Pamiers und bot an, die Katharer an die Inquisition zu verraten. Doch der Mönch, mit dem er sprach, war Pierre Autiers Neffe, der sofort seinem Bruder Guillaume von Dejeans Angebot erzählte. Guillaume informierte Raymond Autier, den einen Autier-Bruder, der kein Katharer war. Guillaume und Raymond war klar, dass Dejean mundtot gemacht werden musste. Er wurde auf einen Gebirgspass gelockt, wo vier Gläubige ihn zusammenschlugen. Als er auf ihr Drängen zugab, dass er vorgehabt hatte, die Autiers an die Inquisition zu verraten, warfen sie ihn in eine Schlucht.

▲ Die Autier-Gruppe erhielt Geschenke und finanzielle Unterstützung von den Adeligen der Region sowie Zuflucht auf deren Ländereien.

▶ Wenn die Autier-Katharer bei Tag reisten, verkleideten sie sich oft als Händler oder Hausierer. Bei Nacht schliefen sie in Schuppen, Scheunen und Kellern.

Die *Endura*

Der Autier-Katharismus unterschied sich insofern von dem früherer Jahre, als er im Geheimen wirken musste. Es gab keine Hierarchie: Pierre Autier war weder Bischof noch Diakon, sondern einfach ein Vollkommener, und das war genug. Seine Perfecti reisten bei Nacht, und Männer wie Bernard Marty führten sie durch das gebirgige Terrain von Sabartès. Wenn sie bei Tag unterwegs waren, verkleideten sie sich als Händler oder Hausierer (Pierre und Guillaume kehrten als Messerhändler getarnt aus der Lombardei zurück). Sie schliefen und lehrten in Kellern, auf Dachböden, in Taubenschlägen und Scheunen.

Die wichtigste Aufgabe der Gruppe war das Erteilen des *Consolamentum* an Sterbende. In einer Gesellschaft, in der man ständig auf der Hut vor der Inquisition sein musste und sogar Eheleute ihren katharischen Glauben voreinander verbargen, mussten die Besuche der Perfecti diskret und sorgfältig geplant sein. Im September 1301 lag eine Frau namens Gentille D'Ascou im Krankenhaus von Ax im Sterben. Als Guillaume Autier spätabends ankam, war sie zu schwach, um ohne Hilfe zu stehen oder zu sitzen. Da das Krankenhaus auch ein inoffizielles Bordell war, erteilte Guillaume ihr das *Consolamentum* auf einem Feld dahinter. Und drei Jahre später verkleidete er sich als Frau, um einem Gläubigen in Tarascon das *Consolamentum* zu erteilen.

Oft folgte darauf der als *Endura* bezeichnete Ritus. Er schrieb vor, dass der Gläubige nach dem *Consolamentum* bis zu seinem Tod außer kaltem Wasser nichts mehr zu sich nehmen durfte. Ständig von Verrat bedroht, konnten die Perfecti nicht bleiben, um dafür Sorge zu tragen, dass der Gläubige die Nah-

▼ Die als *Endura* bezeichnete Praktik schrieb vor, dass ein Katharer nach Empfang des *Consolamentum* außer kaltem Wasser nichts mehr zu sich nehmen durfte.

rungsvorschriften für Vollkommene einhielt. Die *Endura* sollte sicherstellen, dass er dennoch reinen Körpers vor Gott trat. Gentille d'Ascou lebte noch sechs Tage nach ihrem *Consolamentum*, und eine Frau aus Montaillou namens Guillemette Faure angeblich sogar 15 Tage.

Geoffrey d'Ablis und Bernard Gui

Im Jahr 1305 geriet die Autier-Gruppe in schwere Bedrängnis. Jacques Autier und Prades Tavernier wurden in Limoux von einem Mann namens Peyre in eine Falle gelockt und festgenommen. Das hätte das Ende des Autier-Netzwerks bedeuten können, aber Jacques und Prades konnten fliehen. Die Inquisitoren entdeckten dennoch, wie weit verbreitet der Autier-Katharismus inzwischen war: mindestens 1000 Gläubige in über 125 Orten. Die Autiers hatten auch danach noch tatkräftige Anhänger. Peyres Bruder wurde als Rache für dessen Verrat in Carcassonne ermordet, und Peyre selbst lebte noch 1321 unter dem Schutz der Kirche in einem Versteck. Schon bald sollten die Katharer mit einer noch viel größeren Bedrohung konfrontiert werden. Etwa zur Zeit der Festnahme von Jacques und Prades wurden Geoffrey d'Ablis

und Bernard Gui mit der Leitung der Inquisition im Languedoc betraut, die diese Aufgabe so gut erfüllten, dass sie dafür in die Geschichte eingingen. Die Geständnisse, die sie Verdächtigen abrangen, sind so detailliert, dass sie zu den besten Berichten gehören, die wir heute über den Katharismus haben. Das vielleicht bemerkenswerteste Beispiel für die Effizienz der neuen Inquisitoren trug sich in Montaillou zu. Am 8. September 1308 wurde das gesamte Dorf wegen des Verdachts der Ketzerei festgenommen.

Der letzte Vollkommene

Dank der Gründlichkeit, mit der d'Ablis und Gui vorgingen, kam die Inquisition fast allen Autier-Perfecti auf die Spur. Sie wurden zwischen 1309 und 1310 verhaftet, verhört und verbrannt. Pierre Autier verbrachte acht Monate im Gefängnis, bevor er am 9. April 1310 in Toulouse verbrannt wurde. Er blieb unbeugsam bis zum Schluss. Als er am Scheiterhaufen festgebunden wurde, bat er um die Erlaubnis, zu der Menge zu predigen, die sich versammelt hatte, um ihn sterben zu sehen. Er verkündete, dass er alle Anwesenden zum Katharismus bekehren werde. Seine Bitte wurde abgelehnt, und nach seinem Tod blieb im ganzen Languedoc nur noch ein einziger Vollkommener auf freiem Fuß.

Guillaume Bélibaste, ein Schafhirte, kam aus Corbières. Vor Ostern 1305 hatte er einen anderen Schäfer getötet. Einige Monate später traf er den Vollkommenen Philipp d'Aylarac, der in Guillaumes Schafhürde Zuflucht suchte. Diese Begegnung sollte Guillaumes Leben verändern. Er trat der Autier-Gruppe bei und empfing das *Consolamentum*. 1307 wurden er und Philipp d'Aylarac wegen des Verdachts der Ketzerei in Carcassonne gefangen genommen, doch sie konnten im September dieses Jahres fliehen. Anscheinend überquerte Bélibaste danach die Grenze nach Katalonien. Nachdem die Autier-Bewegung durch die Verhaftungen und Verbrennungen von 1309–1310 vernichtet worden war, blieb Bélibaste im Exil, wo er eine Gruppe von Gläubigen betreute, die aus dem Languedoc geflohen waren.

Bélibaste war ein untypischer Vollkommener. Er hatte eine Geliebte namens Raymonde Piquier, gab aber vor, den Zölibat einzuhalten, wie es das *Consolamentum* erforderte. 1319 arrangierte er eine Heirat seiner Geliebten mit Pierre Maury, einem Schafhirten und katharischen Gläubigen, um vorzutäuschen, das Kind, das Raymonde erwartete, wäre von ihm. Einige Tage nach der Hochzeit wurden Raymonde und Pierre geschieden, und sie kehrte wieder zurück zu Bélibaste.

Trotz seiner zweifelhaften Moral war Bélibaste ein inspirierter Prediger, der seine Anhänger gewissenhaft betreute, so gut er konnte. Er rief sie auf, nie zu verzweifeln und einander zu

▼ Unter Geoffrey d'Ablis und Bernard Gui wurde die Inquisition noch effizienter und gnadenloser bei der Verfolgung und Bestrafung vermeintlicher Ketzer.

lieben, und pries den gütigen Gott, der sie alle am Ende ihres irdischen Daseins erwartete.

Die Ankunft eines neuen Gläubigen, Arnold Sicre, im Jahr 1317, sollte der Gruppe schwer zusetzen. Er war aus Ax-les-Thermes gekommen, wo seine Mutter Sybille und sein Bruder von der Inquisition verbrannt worden waren. Er bat um Unterweisung im katharischen Glauben, doch nicht alle Mitglieder von Bélibastes Gruppe waren von seiner Aufrichtigkeit überzeugt. Sein Vater war kein

Katharer und hatte mitgeholfen, einen Überfall auf das Dorf Montaillou zu organisieren. Trotz dieser Vorbehalte wurde Sicre in die Gruppe aufgenommen und fand in der Umgebung Arbeit als Schuster. Nach einem Jahr eröffnete Sicre Bélibaste, dass er seine reiche Tante und jüngere Schwester suchen wolle, die irgendwo im Pallars leben sollten, einem Teil von Aragonien, der an die Grafschaft Foix grenzte. Er reiste zweimal in den Norden und kehrte jedesmal mit Geld zurück, das seine Tante ihm angeblich für Bélibaste gegeben hatte. Schließlich verkündete er, seine Schwester Raymonde wolle heiraten. Bélibaste entschied, dass sie eine gute Ehefrau für Arnold Maury, Pierre Maurys Bruder, abgeben würde, der zur Gruppe gehörte. Die Aussicht, eine reiche Wohltäterin zu haben, war ebenfalls verlockend.

Bélibaste brach Mitte März 1321 mit Sicre auf, um dessen Tante und Schwester kennenzulernen. Es war eine Falle. Sobald sie Tírvia erreichten, das der Gerichtsbarkeit von Foix unterlag, wurde Bélibaste verhaftet. Sicre sagte, er habe ihn verraten, weil er das Haus seiner Mutter zurückbekommen wollte, das nach ihrem Tod auf dem Scheiterhaufen konfisziert worden war. Die Tante und die Schwester hatte er erfunden. Statt ihrer hatte er Jacques Fournier aufgesucht, den Bischof von Pamiers, der eine neue Welle inquisitorischer Umtriebe anführte.

Doch Sicres Verrat war damit noch nicht zu Ende. Als Bélibaste verhaftet wurde, begann er sofort die *Endura*, in der Hoffnung, zu verhungern, bevor er verbrannt werden konnte. Sicre überzeugte ihn, dass er seinen Verrat bereue und dass er einen Fluchtplan erdacht habe, der aber nur durchführbar sei, wenn Bélibaste bei Kräften sei. Also brach dieser die *Endura* ab. Sicre hatte wieder gelogen – es gab keinen Fluchtplan. Er bekam das Haus seiner Mutter zurück und verriet weiterhin Katharer an die Inquisition. Bélibaste wurde in der kleinen Stadt Villerouge-Termenès auf dem Scheiterhaufen verbrannt. Über die Verhandlung gegen ihn konnten niemals Unterlagen gefunden werden.

◀ Die unablässigen Bemühungen der Inquisition, die Katharerbewegung auszurotten, trieben diese lediglich weiter in den Untergrund.

9 Keine »Guten Men-schen« mehr

DIE KATHARER WURDEN MEHR ALS EIN JAHRHUNDERT GNADEN-LOS VERFOLGT. AM ENDE DIESER ZEIT BLIEB PRAKTISCH KEINE SPUR VON DEM GLAUBEN, DER EINSTMALS SO WEIT VERBREITET GEWESEN WAR.

Einleitung

Indessen begann Jacques Fournier damit, Leute erneut zu verhören, die schon zehn Jahre zuvor von Geoffrey d'Ablis (der 1316 gestorben war) befragt worden waren. Fournier war ein noch gründlicherer Inquisitor und erhielt eine Vielzahl neuer Informationen. Vor allem fand er heraus, dass die Situation in Montaillou viel besorgniserregender war als ursprünglich angenommen: Fast alle Bewohner dieses Dorfs waren Katharer. Diese Entdeckung führte zu einer neuen Welle von Festnahmen. Dass der Katharismus in diesem Dorf so verbreitet war, hatte mehrere Gründe: Der letzte Herr war 1299 gestorben, und seine Witwe, Béatrice de Planisolles, wurde – zumindest vorübergehend – von Pierre Clergue, dem Pfarrer des Dorfs, zum Katharismus bekehrt. Der Katharer Clergue trat nach außen hin als katholischer Priester auf, hielt die Messe, nahm die Beichte ab, spendete die Taufe und die letzte Ölung. Darüber hinaus war er berüchtigt für seine sexuellen Eskapaden, zu denen auch Béatrice zählte, mit

▶ Überreste der Burg in Montaillou, wo Fournier entdeckte, dass praktisch alle Bewohner Katharer waren.

◀ Jacques Fournier, Bischof von Pamiers, dessen inquisitorische Techniken zu einer Welle von Verhaftungen führte, die das Ende des Katharismus im Languedoc einleitete.

der er einmal sogar in der Kirche Sex gehabt haben soll. Pierres Bruder Bernard stand im Dienste des Grafen von Foix und war auch Katharer. Gemeinsam kontrollierten die beiden Brüder das Dorf und hatten die Macht, unwillkommene Besucher fernzuhalten.

Die frühen 1320er Jahre waren ein legalistischer Marathon der Inquisition, und Fournier verurteilte hunderte Menschen. Béatrice de Planisolles kam ins Gefängnis. Ihre Strafe wurde später umgewandelt, doch sie musste gelbe Kreuze auf ihrer Kleidung tragen – das traditionelle Zeichen der Ketzer. Mehrere Mitglieder von Bélibastes Gruppe wurden eingesperrt, unter ihnen Pierre Maury und sein Bruder Jean, die am 12. August 1324 zu »ewigem Kerker« verurteilt wurden. Pierre Clergue, der Pfarrer von Montaillou, starb, bevor er verurteilt werden konnte. Am 16. Januar 1329 wurde er zum Ketzer erklärt, sein Leichnam exhumiert und verbrannt.

Es war das Ende des Katharismus im Languedoc. Die Gläubigen, die noch übrig waren, hatte man zum Widerruf gezwungen. Es sollte kein *Consolamentum* mehr geben, eine Tradition, von der die Katharer sagten, dass sie »von der Zeit der Apostel bis heute erhalten geblieben und von einem Guten Menschen zum nächsten weitergegeben worden [war] bis zu diesem Augenblick, und dies wird weiterhin geschehen bis zum Ende der Welt«. Nun, da keine »Guten Menschen« übrig waren, schien das Ende der Welt tatsächlich gekommen zu sein.

Katharismus in Italien im 13. Jahrhundert

Anfang des 13. Jahrhunderts war die katharische Kirche in Italien gespalten, mit Concorezzo als Hochburg des gemäßigten Dualismus und Desenzano als die der absoluten Schule. Der *Ordo* anderer Kirchen wie die in Florenz und Val del Spoleto ist nicht bekannt. Wie im Languedoc förderte die politische Situation die Verbreitung des Katharismus, doch anders als dort wurde er in Italien vor allem von Reformbewegungen bedroht, die sowohl innerhalb als auch außerhalb der katholischen Kirche entstanden. Die Bewegung, die von innerhalb der katholischen Kirche ausging, wurde von Franz von Assisi angeführt. Er erwähnte die Katharer – oder Patarener wie sie in Italien oft genannt wurden – nicht namentlich, betonte aber, wie wichtig es sei, die Überzeugungen möglicher Novizen des Franziskanerordens genau zu prüfen, regelmäßig zur Kirche und zur Beichte zu gehen und Priester zu respektieren. Darüber hinaus betonte er die physische Realität von Christi Geburt, womit er sich gegen den Doketismus der Katharer wendete.

Es gab auch populäre Prediger, die teilweise vor riesigen Menschenmengen sprachen. Einer von ihnen war Giovanni von Vicenza, dessen Predigten zum Aufstieg der Alleluia-Bewegung führten, einer beliebten, wenn auch kurzlebigen Erscheinung in der Tradition der reformorientierten Pataria unter Gregor VII. Giovanni führte im August 1233 die Aufsicht über die Massenverbrennung von 200 Ketzern – vorwiegend Katharer und Waldenser – in Verona. Giovannis Mission führte zur Gründung einiger Laienbrüderschaften, darunter jene von Santa Maria della Misericordia in Bergamo, die für Menschen gedacht waren, die ein religiöseres Leben führen wollten, ohne Mönch oder Nonne zu werden. Ihre Mitglieder gelobten, sich an bestimmte Regeln zu halten, wie kein Blut zu vergießen, keine Waffen zu tragen

▶ Am Hof von Friedrich II., dem Kaiser des Heiligen Römischen Reiches, wurden sowohl Häretiker als auch Nichtgläubige toleriert.

und ein ethisches Leben zu führen. Darüber hinaus engagierten sie sich für die Zurückdrängung der Häresie.

Während diese verschiedenen Bewegungen als Ventil für Menschen fungierten, die mit den traditionellen Formen der Religiosität unzufrieden waren, entstanden durch den Konflikt zwischen Papsttum und Heiligem Römischen Reich Umstände, unter denen der Katharismus florieren konnte. Unter Friedrich II. (1220–1250) erreichten diese Konfrontationen ihren Höhepunkt, und die italienische Politik wurde in der Folge von zwei Fraktionen beherrscht, den papsttreuen Guelfen und den kaisertreuen Ghibellinen. Friedrich tat wenig, um die Verfolgung von Ketzern zu fördern, und auch das Papsttum, das auf Verbündete in den wichtigsten Städten der Lombardei aus war, forcierte das Thema nicht. In vielen Städten ignorierte man die Gesetze gegen Ketzerei – nicht, weil die Stadtherren Gruppen wie den Katharern oder den Waldensern besonders wohlwollend gegenüberstanden, sondern, weil die Verfolgung von Häretikern der Kirche eine wichtigere Rolle eingeräumt hätte. Die Katharer blieben unter dem Schutz der Ghibellinen weitgehend unbehelligt, und so florierte die katharische Kirche aus dem Languedoc in ihrem Exil in der Lombardei.

▶ Das heutige Siena, wo Katharer sich unter dem Schutz des Adels frei bewegen durften.

Der Untergang des italienischen Katharismus

Der Tod von Kaiser Friedrich II. am 13. Dezember 1250 bedeutete für die kaisertreuen Ghibellinen einen schweren Rückschlag. Sein Sohn Konrad IV. setzte den Kampf gegen das Papsttum fort, doch dieses trug 1268 mit der Gefangennahme und Hinrichtung von Friedrichs Enkel Konradin, dem letzten Herrscher der Hohenstaufen, den Sieg davon. In der Folge verloren die Ghibellinen an Bedeutung, und die Katharer, die unter ihrem Schutz gestanden hatten, wurden wieder stärker von der Inquisition bedrängt. Als von den Katharern gedungene Männer den Inquisitor (und ehemaligen Katharer) Peter von Verona 1252 ermordeten, nutzte Papst Innozenz IV. diesen Vorfall geschickt für die Kirche: Peter wurde heilig gesprochen, und Innozenz genehmigte den Einsatz der Folter bei inquisitorischen Verfahren.

Als die Inquisition ihre Anstrengungen verstärkte, gingen viele Katharer in den Untergrund oder führten ein Doppelleben. Ein außergewöhnliches Beispiel ist Armanno Pungilupo aus Ferrara. Er galt als frommer Katholik und war berühmt für seine guten Werke. Nach seinem Tod am 10. Januar 1268 wurde er in der Kathedrale begraben. Bald ging die Kunde um, dass an seinem Grab Wunder geschähen, und er wurde wie ein Heiliger verehrt. Als die Inquisition diese Vorfälle untersuchte, stellte sich heraus, dass Armanno nicht nur ein katharischer Gläubiger, sondern in den letzten 20 Jahren seines Lebens ein Vollkommener gewesen war. Im Jahr 1254 hatte er sogar eine Konfrontation mit der Inquisition überlebt, die ihn gefoltert hatte, ihn zwang, der katholischen Kirche die Treue zu schwören, und ihm mit einer hohen Geldstrafe drohte, falls er in Zukunft bei häretischen Praktiken erwischt werden sollte. Armanno stimmte allem zu und machte weiter wie zuvor. Es stellte sich heraus, dass eines der sogenannten Wunder an seinem Grab, durch das ein Stummer plötzlich wieder sprechen konnte, von einem Katharer vorgetäuscht worden war, um den Wunderkult der katholischen Kirche zu verspotten. Im Jahr 1301 wurden Armannos sterbliche Überreste exhumiert und verbrannt und seine Asche in den Fluss Po gestreut.

Der bei Weitem schwerste Rückschlag, den die italienischen Katharer hinnehmen mussten, war 1276 der Fall der Burg Sirmione am Gardasee. Sirmione war das italienische Montségur: Die Burg war

▼ ▶ Sirmione am Gardasee. Der Fall der Festung 1276 war ein schwerer Schlag für den Katharismus in dieser Gegend.

zur Zufluchtsstätte vieler exilierter Katharer geworden, unter ihnen auch der letzte bekannte Bischof der nordfranzösischen Katharerkirche sowie der Katharerbischof von Toulouse, Bernard Oliba. Im Februar 1278 wurden alle Perfecti von Sirmione im Amphitheater von Verona verbrannt.

Brutale Gewalt und Massenhinrichtungen waren jedoch nicht der einzige Grund für den Untergang des Katharismus in Italien. Malcolm Lambert schreibt in diesem Zusammenhang: »Andere Wege zur Erlösung hatten sich eröffnet.« Die Menschen mussten nicht mehr zum Katharismus konvertieren, um ihrer Unzufriedenheit mit der Kirche Ausdruck zu verleihen. Gruppen wie die Laienbrüderschaften spielten dabei eine wesentliche Rolle, ebenso wie der Erfolg der Franziskaner. Im Gegensatz zum Languedoc starb der Katharismus in Italien einen langsamen Tod. Der letzte bekannte Katharerbischof wurde 1321 festgenommen, und der letzte bekannte Katharer in Florenz kam 1342 vor ein Inquisitionsgericht.

10 Das Vermächtnis der Katharer

ES GIBT KAUM NOCH SCHRIFTLICHE BELEGE FÜR DEN KATHARISMUS, SODASS VIELE FRAGEN UNGEKLÄRT BLEIBEN – NICHT NUR ZU LEHREN UND PRAKTIKEN, SONDERN AUCH ZUR BEZIEHUNG DER KATHARER ZU DEN TROUBADOUREN, DEN TEMPELRITTERN UND DEM HEILIGEN GRAL.

Einleitung

Von den Schriften der Katharer sind nur sehr wenige erhalten geblieben. Die meisten stammen aus Italien, wo mehr Leute lesen und schreiben konnten als im Languedoc und wo die Kontroversen zwischen verschiedenen katharischen Gruppen theologische Polemiken förderten. Außerdem gelangten Bücher aus dem Osten, wie die bogomilischen Werke *Das geheime Abendmahl* und *Die Vision des Jesaja*, aufgrund der geographischen Nähe Italiens zum Balkan als Erstes nach Italien. Diese beiden Bücher erlangten im Westen Ende des 12. Jahrhunderts Bekanntheit. Das geheime Abendmahl erläutert den bogomilischen/katharischen Schöpfungsmythos, laut dem Satan aus dem Himmel verstoßen wird, weil er größer als Gott sein möchte. Der Teufel täuscht Reue vor, woraufhin Gott ihm vergibt und ihn tun lässt, was er will. Der Teufel nützt diese Freiheit, um die materielle Welt und aus dem Urschlamm Menschen zu erschaffen. Dann überzeugt der Teufel die Menschheit, dass er der einzig wahre Gott sei, was Gott veranlasst, Christus zu schicken, um der Menschheit die Machenschaften des Teufels zu enthüllen und die Existenz des wahren Gottes zu verkünden. Das Buch *Die Vision des Jesaja* wurde sowohl von den gemäßigten als auch von den absoluten Schulen anerkannt, denn es »zeigte eine materielle Welt und ein Firmament, die von der Schlacht zwischen teuflischen und göttlichen Kräften zerrissen sind«.

Das bedeutendste erhaltene katharische Traktat ist *Das Buch der zwei Prinzipien*, das in den 1240er Jahren geschrieben wurde. Der Verfasser war vermutlich Johannes von Lugio, ein Katharer aus der Albigenser Schule, die zu der absolutistischen Kirche von Desenzano gehörte. Es wurde beschrieben als »der stichhaltigste Beweis, dass die Katharer ihre eigenen Ideen von der Natur des Dualismus entwickelten« und nicht einfach jene der Bogomilen übernahmen. *Das Buch der zwei Prinzipien* ist ein unverhüllter Angriff auf die gemäßigte Schule, die der Verfasser für kaum besser als den Katholizis-

◄ Ein Bild, das Abtrünnige erschrecken soll, zeigt den Teufel, der seine Mannen zum letzten Angriff versammelt.

mus hält. Er argumentiert für die Existenz der zwei ewigen Prinzipien Gut und Böse, die beide ihre eigene Sphäre geschaffen haben – Himmel und materielle Welt. Der wahre Gott kann nicht der Urheber des Bösen sein. Der Verfasser behauptet, der Vers im Johannesevangelium: »Durch ihn wurde alles geschaffen; nichts ist entstanden ohne ihn« bedeute, dass »nichts« – das heißt die materielle Welt – vom Satan geschaffen wurde. Die wahre Welt sei das Reich des echten Schöpfergottes, keine Welt der Materie, sondern eine höhere Welt mit ihren eigenen Gesetzen.

Ebenfalls erhalten ist ein sehr spätes Traktat – vermutlich aus dem dritten Viertel des 14. Jahrhunderts – mit dem Titel *Die Rechtfertigung der Kirche Gottes*. Es beschreibt die Katharer als »eine verfolgte und gepeinigte Kirche, die vor dem Erscheinen des Antichristen und dem Jüngsten Gericht leiden muss«.

Die letzten Katharer

Die letzten Katharer verbargen sich gemeinsam mit geflohenen Waldensern in den entlegenen Tälern des Piemont und verließen ihr Versteck nur selten. Die Waldenser und die Katharer, einst Feinde, mussten nun aufgrund der widrigen Umstände zusammenhalten und »sahen Verfolgung als ein besonderes Merkmal der wahren Kirche«. Ihre Verfolgung ging in Form von sporadischen militärischen Aktionen weiter, und langsam, aber sicher kam die Inquisition den letzten Gemeinden auf die Spur. Unter Antonio di Settimo di Savigliano stöberte sie zwischen 1387 und 1389 die letzten beiden bedeutenden Katharer auf: Antonio di Galosna und Jakob Bech.

Galosna war Franziskanermönch in Chieri in der Nähe von Turin gewesen. 1362 lernte er in einem Haus in Andezeno, einer kleinen Stadt nordöstlich von Chieri, die Häresie kennen. Die Zeremonie, an der er teilnahm, scheint teils waldensisch, teils katharisch gewesen zu sein, was darauf schließen lässt, dass die Katharer im Piemont zu dieser Zeit eine Mischform des Glaubens praktizierten. Dass in Andezeno eine synkretistische oder abgewandelte Form des Katharismus gepredigt wurde, zeigt sich

▼ Die entlegenen Täler des Piemont waren eines der letzten Refugien der Katharerbewegung.

daran, dass Antonio, nachdem er seinen Lehrer mehrmals besucht hatte, einen rituellen Schwerthieb auf den Kopf empfing, um in die Sekte aufgenommen zu werden. Er wurde in der dualistischen Lehre unterwiesen, die Gott als den Schöpfer des Himmels, aber nicht der Erde preist. Letztere ist das Werk eines furchtbaren Drachen, der im irdischen Reich mehr Macht besitzt als der wahre Gott.

Bechs Geständnisse zeigen, dass nicht alle Katharer im Piemont an Drachen glaubten, denn er vertrat die orthodoxere katharische Ansicht, dass die materielle Schöpfung vom Satan beherrscht werde. Er berichtete der Inquisition auch von Verbindungen zwischen den Katharern im Piemont und kroatischen Bogomilen, die Bech anscheinend zum Glauben bekehrt hatten und einen eigenen Papst besaßen. Savigliano erfuhr auch, dass Bech sich nach Jahren des Umherziehens in Chieri niedergelassen hatte, wo der gemäßigte Katharismus sich auf viele Anhänger stützte, und dass einige andere Katharer von dort nach Bosnien gereist waren, um sich im Glauben unterweisen zu lassen. Sowohl Galosna als auch Bech wurden verbrannt, und mit ihnen starb der Katharismus im Westen.

Im Jahr 1412 kehrte die Inquisition nach Chieri zurück, exhumierte 15 tote Katharer – einige von ihnen hatte Bech in Zusammenhang mit der Reise nach Bosnien erwähnt – und verbrannte ihre Überreste. Allem Anschein nach war nun wirklich auch der letzte Katharer vom Erdboden verschwunden.

▲ Die Waldenser, die sich mit den Katharern zusammenschlossen, auf der Flucht vor ihren Verfolgern.

▶ Szenen aus Wolframs von
Eschenbach *Parzival*, einer allego-
rischen Geschichte über spirituelle
Entwicklung; der Stoff hat Autoren
bis heute beschäftigt.

Der Schatz der Katharer

Seit dem Ende des Katharismus ranken sich viele Legenden um ihn. Die meisten drehen sich um den Schatz der Katharer, der angeblich während der Belagerung von Montségur verschwand, und die Verbindung zwischen den Katharern und den Troubadouren und Tempelrittern. Auch wenn ein Großteil dieser Spekulationen der Romantisierung des Katharismus durch Schriftsteller wie Napoléon Pyrat (1809–1881) und Déodat Roché (1877–1978) entspringen mag, kursieren solche Legenden schon mindestens seit den 1320er Jahren. Sie haben eine wesentliche Rolle bei der Entstehung des Katharer-Mythos gespielt, der das Interesse und die Phantasie von Fachleuten und Laien seit Generationen beflügelt.

Der vielleicht hartnäckigste Mythos besagt, dass die Katharer im Besitz des Heiligen Grals waren. Die erste veröffentlichte Fassung des Gralsmythos – *Conte del Graal* – wurde ca. 1180 von Chrétien de Troyes geschaffen. Er berichtet von der Gralssuche der Artusritter. Chrétien starb, bevor er die Geschichte vollenden konnte, sodass in seiner Erzählung der Gral nie gefunden wird. Der Stoff wurde von Robert de Boron und später von Wolfram von Eschenbach aufgegriffen, dessen Name am engsten mit der Geschichte des Grals verbunden ist. Wolframs größtes Werk ist *Parzival*, das meist als Allegorie auf spirituelle Entwicklung interpretiert wird und den Einfluss des Ostens erkennen lässt (man vermutet, dass Wolfram an einem Kreuzzug teilnahm). In seinem Werk *Titurel* schrieb er erneut über den Gral und behauptete, die Gralsburg liege in den

▼ Ein illustriertes Manuskript
(14. Jh.) aus der Erzählung vom Gral
Chrétiens de Troyes zeigt Perceval,
der den Artusrittern den Heiligen
Gral präsentiert.

▶ Laut einer der geheimen Lehren der Katharer war Maria Magdalena die Frau Jesu, eine Theorie, die sich in letzter Zeit großer Beliebtheit erfreut.

Pyrenäen und der Herr der Gralsburg heiße »Perilla«. Die Tatsache, dass Montségur in den Pyrenäen liegt und ihr Herr, Raymond Pereille, oft mit seinem lateinischen Namen Perilla unterschrieb, gab Anlass zu vielen Spekulationen. Wolframs *Titurel* machte es Historikern schwer, jede Verbindung zwischen dem Gral und den Katharern zu leugnen. Er legt zumindest nahe, dass der Gralsmythos seit der Zeit der Guten Christen Teil der Katharergeschichte ist und nicht ausschließlich eine Erfindung der genannten Schriftsteller.

Der Gral, den Wolfram im *Parzival* beschreibt, ist ein Stein, der an den der Philosophen in der Alchemie erinnert. Allerdings gibt es auch andere Deutungen des Grals: als Kelch der Tradition oder als Schoß Maria Magdalenas, der als Kelch gedeutet wird, in dem Christi Blut aufgefangen wurde, und zwar nicht auf dem Kalvarienberg, sondern nach der Hochzeit zu Kanaan. Laut einer Hypothese war der Schatz der Katharer, der kurz vor der

▼ Laut einer anderen populären Theorie ist der Gral der Kelch, in dem Christi Blut aufgefangen wurde, und zwar nach der Hochzeit von Kanaan, und nicht am Kalvarienberg.

Kapitulation aus Montségur geschmuggelt wurde, der Gral, der dann entweder in einer Höhle in der Nähe versteckt oder den Tempelrittern übergeben wurde. (Der Sergeant von Montségur, Imbert von Salles, sagte der Inquisition jedoch, der Schatz der Katharer bestehe aus Geld und Edelsteinen.) Die Deutung des Grals als Magdalenas Schoß impliziert, dass der Heilige Gral, auf Französisch *san graal*, eine falsche Schreibweise von *sang real*, heiliges Blut, ist, und für die Blutlinie von Jesus und Magdalena steht. Interessanterweise besagt eine der geheimen katharischen Lehren, die nur den Perfecti vorbehalten waren, dass Magdalena die Ehefrau Jesu war. Das ist mit Verlaub gesagt verblüffend, da die Katharer die Ehe strikt ablehnten. Darüber hinaus war dies keine Lehre, die die Katharer von den Bogomilen übernommen hatten. Möglicherweise spiegelte die Vorstellung, dass Jesus und Magdalena verheiratet waren, eine Überlieferung wider, die im Languedoc verbreitet war. Doch auch das ist nur eine Vermutung.

Die Troubadoure und die Tempelritter

Die zwei Gruppen, mit denen die Katharer am häufigsten in Verbindung gebracht werden, sind die Troubadoure und die Tempelritter, die im 13. Jahrhundert im Languedoc sehr präsent waren. Die Troubadoure waren umherziehende Dichter, die auf Okzitanisch schrieben und ihre Blütezeit zwischen dem 11. und dem 13. Jahrhundert erlebten. Ihr Gegenstück in Deutschland waren die Minnesänger, zu denen auch Wolfram von Eschenbach gehörte.

► Die Troubadoure standen oft unter dem Schutz derselben Familien, die die Katharer im Languedoc unterstützten.

◄ Jacques de Molay, der letzte Großmeister der Tempelritter und Wächter über deren sagenumwobenen Schatz.

Die wichtigsten Themen der Troubadoure waren Ritterlichkeit und höfische Liebe. Einige Gedichte waren Liebeslieder, die oft an eine unerreichbare Frau gerichtet waren und ein Bewusstsein »göttlicher« Weiblichkeit erkennen lassen. Zu den berühmtesten Troubadouren gehörten Pierre Vidal, Guilhem Figueira und Jaufré Rudel. Im Languedoc standen sie unter dem Schutz derselben Familien, die auch die Katharer beschützten. Mindestens ein Troubadour, Guillaume de Durfort, war sicher ein Katharer, doch es ist anzunehmen, dass es mehr waren. Das Konzept der göttlichen Weiblichkeit lässt auf eine weitere Verbindung zwischen den beiden Bewegungen schließen: Die Perfecti erhielten nach dem Empfang des *Consolamentum* den Titel Theotokos, was »Gottesgebärer(in)« bedeutet, eine Bezeichnung, die üblicherweise für die Jungfrau verwendet wird.

▲ Tempelritter vor Philipp IV. von Frankreich und Papst Clemens V. Sie wurden einer Vielzahl von Verbrechen angeklagt, für die es, wie die Geschichte nun zeigt, keine Beweise gab.

▶ Philipp IV. von Frankreich führt die Verfolgung der Tempelritter an, in der Hoffnung, sich ihrer Reichtümer bemächtigen zu können.

Die Tempelritter waren der mächtigste religiöse Militärorden ihrer Zeit und große Landbesitzer im Languedoc. Während für Theorien, dass der Schatz der Katharer den Tempelrittern übergeben wurde, jeglicher Beweis fehlt, gibt es eine Reihe konkreter Verbindungen zwischen den Häretikern und den Soldatenmönchen. Einer der berühmten Großmeister der Tempelritter, Bertrand de Blancfort, stammte aus einer Katharerfamilie, und während des Albigenserkreuzzugs nahmen die Tempelritter Katharer auf der Flucht in ihrem Orden auf. In einigen Präzeptorien der Tempelritter im Languedoc gab es mehr Katharer als Katholiken. Darüber hinaus verweigerten die Tempelritter die Teilnahme am Albigenserkreuzzug. Dafür kann es mehrere Gründe gegeben haben. Sie fanden im Languedoc breite Unterstützung, sodass eine militärische Intervention ein politisches Desaster für den Orden gewesen wäre. Außerdem spielten sie gegen Ende der Montfort-Jahre eine entscheidende Rolle im fünften Kreuzzug (1217–1221). Zudem fragt man sich, ob nicht einige Tempelritter den Katharern wohlgesinnt blieben. Unterstützt wird diese Annahme durch die Tatsache, dass die Tempelritter zwischen 1307 und 1312 stark unterdrückt wurden, weil man sie – genau wie die Katharer vor ihnen – der Häresie, Blasphemie und Sodomie bezichtigte.

Eine Gesellschaft von Verfolgern

Der Katharismus entstand zu einer Zeit tiefgreifender Veränderungen in Europa. Der Historiker R.I. Moore behauptete sogar, dass die westliche Gesellschaft ihre Institutionen durch die Verfolgung von Häretikern im 13. Jahrhundert entwickelte. Darüber hinaus spielte die Definition der Häresie eine wichtige Rolle für die Entstehung der Hexenverfolgungen, die im 16. und 17. Jahrhundert zur Ermordung Tausender Unschuldiger führten. Es ist vielleicht das Streben der Katharer nach einem authentischen Glauben, der ihrer Geschichte bis heute Relevanz verleiht.

▼ Die Suche der Katharer nach authentischer Spiritualität und ihre Verfolgung finden bis heute Resonanz.

Ihre Behauptung, Teil einer authentischen apostolischen Tradition zu sein, die auf die Zeit Christi zurückgeht, lässt sich nicht beweisen, sondern nur ableiten. Der Anspruch der katholischen Kirche, die Nachfolgerin der Urkirche Petri zu sein, ist historisch jedoch ebensowenig verifizierbar. Für die Katharer könnte eine der Schriftrollen vom Toten Meer sprechen, die 1991 erstmals veröffentlicht wurden, denn angeblich belegt die sogenannte Damaskusschrift den Ausschluss von Paulus aus der christlichen Gemeinschaft. Sollte dies tatsächlich der Fall gewesen sein, wäre damit der Anspruch der katholischen Kirche hinfällig, Gottes Statthalter auf Erden zu sein, denn der Großteil des organisierten Christentums beruht auf den Lehren von Paulus und nicht auf denen Christi. Die Kirche ist aber offensichtlich nicht der Ansicht, dass die Veröffentlichung des Textes ihre Position untergräbt, und im Mai 2000 entschuldigte sich Papst Johannes Paul II. für die Kreuzzüge. Viele Menschen fanden, dass diese Entschuldigung kein ausreichendes Versöhnungsangebot an die arabische Welt darstellte. Der Albigenserkreuzzug wurde nicht erwähnt, und es ist unwahrscheinlich, dass sich das Papsttum jemals dafür entschuldigen wird.

Mag sein, dass der wahre Schatz der Katharer ihr Bekenntnis zu Einfachheit, Gleichheit, Gewaltlosigkeit, Arbeit und Liebe ist. Da sie keine Kirchen bauten, brachten sie Gott in die Häuser der Menschen. Für die Katharer war Spiritualität kein religiöses Gebot, sondern etwas, das jeden Augenblick des Daseins erfüllen sollte.

▲ Im Jahr 2000 entschuldigte sich Johannes Paul II. für die Kreuzzüge ins Heilige Land. Der Albigenserkreuzzug und die Vernichtung der Katharer blieben jedoch unerwähnt.

Anhang

Chronologie

930–940	Entstehung des Bogomilismus in Bulgarien
um 970	Erstes antibogomilisches Traktat: *Predigt gegen die Ketzer* des Priesters Cosmas
991	Gerbert d'Aurillac, später Papst Silvester II., wird in Rheims gezwungen, sich zur Orthodoxie zu bekennen.
999	Leutard, der erste im Westen bekannte Häretiker, aktiv in Châlons-sur-Marne
1022	Erste Verhaftungen und Hinrichtungen wegen Ketzerei im Westen, in Orléans
1082	Bogomilische Missionare möglicherweise in Sizilien aktiv
um 1100	Hinrichtung des bogomilischen Häresiarchen Basilius in Konstantinopel
1110–1150	Ära großer Häretiker wie Tanchelm von Antwerpen, Arnold von Brescia, Henri von Lausanne und anderen
1143	Erste schriftliche Erwähnung von Katharern; sie werden in Köln verbrannt.
1145	Hl. Bernhard predigt gegen die Katharer und besucht das Languedoc.
1163	Konzil von Tours; Eckberts von Schönau *Sermones ad Catharos*
1165	Disputation zwischen Katharern und Katholiken in Lombers
1167	Katharerkonferenz in Saint-Félix
1179	Drittes Laterankonzil: Einsatz von Gewalt gegen Ketzer empfohlen.
1181	Kurzer Feldzug gegen Katharer in Lavaur, angeführt von Henri de Marcy.
1184	*Ad abolendam* verurteilt die Katharer und andere häretische Sekten.
1198	Amtsantritt von Papst Innozenz III.; Zisterzienser beauftragt, vor Häretikern im Languedoc zu predigen.
1199	*Vergentis in senium* setzt Häresie mit Verrat gleich und gestattet die Konfiszierung des Eigentums von Häretikern.
1203	April: Die Bosnische Kirche wird gezwungen, Rom die Treue zu schwören. Arnold Amaury und Peter von Castelnau werden zu päpstlichen Legaten im Languedoc ernannt.

1204–1207	Disputationen zwischen Katharern und Katholiken im Languedoc
1204	Befestigung von Montségur
1206	März: Domingo de Guzmán schlägt vor, im Languedoc in Armut zu predigen, um die Menschen für die Kirche zurückzugewinnen; in der Folge wird der Dominikanerorden gegründet.
1208	14. Januar: Ermordung Peters von Castelnau 10. März: Innozenz ruft zum Kreuzzug gegen die Katharer auf.
1209	18. Juni: Raymond VI. wird öffentlich gegeißelt. 22. Juli: Plünderung von Béziers. Mindestens 9000 Menschen von Kreuzzüglern ermordet; Beginn des Albigenserkreuzzugs. Anfang August: Belagerung von Carcassonne 15. August: Carcassonne kapituliert. Ende August: Simon von Montfort wird Vicomte von Béziers und Carcassonne und übernimmt Führung des Albigenserkreuzzugs. 10. November: Raymond Roger Trencavel wird tot in seiner Zelle aufgefunden.
1210	April: Belagerung und Fall von Bram; Gewaltmarsch von 100 geblendeten und verstümmelten Männern nach Cabaret; Fall von Cabaret. Juni/Juli: Belagerung und Fall von Minerve 22. Juli: 140 Perfecti vor Minerve öffentlich verbrannt
1212	April/Mai: Belagerung und Fall von Lavaur; 80 Ritter gehängt; Geralda von Lavaur wird in einen Brunnen geworfen und gesteinigt. 3. Mai: 400 Perfecti vor Lavaur auf dem Scheiterhaufen verbrannt Ende Mai: 50–100 Perfecti in Les Cassès öffentlich verbrannt
1213	17. Januar: Innozenz unterbricht den Albigenserkreuzzug. 21. Mai: Innozenz wird zur Fortsetzung des Kreuzzugs überredet. 12. September: Schlacht von Muret; Peter II. von Aragón wird getötet; mindestens 7000 finden den Tod mit ihm.
1215	20. November: Viertes Laterankonzil überträgt Simon von Montfort weitere Ländereien und macht ihn zum Herrscher des Languedoc.
1216	16. Juli: Papst Innozenz III. stirbt unerwartet in Perugia. August: Plünderung von Toulouse
1217	13. September: Soldaten von Raymond VI. gelangen nach Toulouse; Belagerung von Toulouse beginnt.
1218	25. Juni: Simon von Montfort vor den Mauern von Toulouse getötet.
1219	Massaker von Marmande: 7000 Tote

1221	Tod des hl. Dominikus
1222	August: Tod von Raymond VI.
1224	Amaury von Montfort tritt die Kontrolle über das Languedoc an die französische Krone ab.
1225	Tod von Arnold Amaury
1226	Frühling: Kreuzzug von Ludwig VIII. beginnt. Katharerkonzil von Pieusse: Gründung des Bistums von Razès 8. November: Ludwig stirbt im Alter von 39 Jahren; seine Witwe, Blanche de Castille, wird Regentin.
1228	Taktik der verbrannten Erde gegen Toulouse
1229	12. April: Raymond VII. wird in Paris öffentlich gegeißelt; Ende des Albigenserkreuzzugs.
1233	Frühling: Gründung der Inquisition zur Bekämpfung des Katharismus 30. Juli: Erster Inquisitor, Konrad von Marburg, wird ermordet. August: 200 Katharer und Waldenser in Verona öffentlich verbrannt
1234–1246	Kreuzzug gegen Häresie in Bosnien
1239	180 Häretiker in Mont Aimé in der Champagne auf dem Scheiterhaufen verbrannt
1240	Trencavel-Aufstand
um 1240	Vermutlicher Entstehungszeitraum von *Das Buch der zwei Prinzipien*
1242	28. Mai: Die Inquisitoren Stephan von St Thibéry und Guillaume Arnald werden in Avignonet ermordet; Raymond VII. startet letzten Feldzug gegen Papsttum und französische Krone.
1243	Mai: Belagerung von Montségur
1244	2. März: Montségur ergibt sich unter Bedingung einer 2-wöchigen Waffenruhe. 13. März: 21 Gläubige und Söldner erbitten – und erhalten – das *Consolamentum*. 16. März: Montségur wird geräumt; alle 225 Perfecti werden verbrannt.
1245–1246	Verschärftes Vorgehen der Inquisition im Languedoc
1249	Juni: Raymond VII. lässt in Agen 80 Katharer verbrennen. September: Tod von Raymond VII.

1252	Inquisitor Peter von Verona in Italien ermordet; Einsatz der Folter von Innozenz VI. genehmigt
1255	August: Fall von Quéribus, der letzten Katharerhochburg im Languedoc
1276	Fall von Sirmione, der letzten Katharerburg in Italien
1278	Februar: Öffentliche Verbrennung von über 200 Perfecti in Verona
1296	Oktober: Brüder Autier reisen in die Lombardei, um das *Consolamentum* zu empfangen.
1299	Herbst: Rückkehr der Autiers ins Languedoc: Neubeginn der Katharerbewegung
1303	Ernennung von Geoffrey d'Ablis zum Inquisitor in Carcassonne
1305	September: Guillaume Bélibastes erstes Treffen mit Autier-Perfecti in einem Versteck, weil Bélibaste einen Schäfer umgebracht hatte.
1307	Ernennung von Geoffrey d'Ablis zum Inquisitor in Toulouse September: Bélibaste, wegen Ketzerei im Gefängnis, kann fliehen.
1308	8. September: Das gesamte Dorf Montaillou wird wegen Ketzerei verhaftet.
1309	Spätsommer: Pierre Autier verhaftet
1310	9. April: Autier in Toulouse auf dem Scheiterhaufen verbrannt
1315	Bélibaste gründet Katharergemeinde in Morella und Sant Mateu, südlich von Tarragona in Katalonien.
1317	Jacques Fournier wird Bischof von Pamiers und startet inquisitorische Maßnahmen.
1321	März: Bélibaste wird verraten und verhaftet. Der letzte bekannte italienische Katharerbischof wird verhaftet.
1325	Papst Johannes XXII. ruft zu Schritten gegen die Bosnische Kirche auf.
1329	16. Januar: Pierre Clergue, Rektor von Montaillou, posthum verbrannt
1342	Der letzte bekannte Katharer erscheint in Florenz vor der Inquisition.
1387–1389	Inquisition von Antonio di Settimo di Savigliano; Antonio di Galosna und Jacob Bech verhaftet und verbrannt
1412	Posthume Verbrennung von 15 Katharern in Chieri
1459	Bosnische Kirche von König Stephan Thomas verfolgt
1463	Fall Bosniens an die ottomanischen Türken
1867	Letzte bekannte Bogomilen in Bosnien

Glossar

Adoptionismus Der Glaube, dass Christus nicht von Geburt an göttlich war, sondern es erst nach seiner Taufe wurde.

Apparellamentum Monatliche Beichte der Perfecti, die sie bei einem katharischen Diakon oder Bischof ablegten.

Arianismus Benannt nach Arius (256–336), einem christlichen Priester aus Alexandria, der bestritt, dass Christus und Gott eine Person seien, und sie stattdessen als zwei verschiedene göttliche Wesen betrachtete. Diese Häresie war die erste gravierende Auseinandersetzung über die Lehre, mit der die Kirche nach ihrer Anerkennung durch Konstantin konfrontiert war, und das Hauptthema beim Konzil von Nicäa.

Bogomilismus Dualistische Häresie, die Anfang des 10. Jahrhunderts von dem Priester Bogomil begründet wurde. Sie scheint den Katharismus stark beeinflusst zu haben, obwohl die ersten Beweise dafür erst auf 1167 datierbar sind. Die Bogomilen, deren Existenz bis ins 19. Jahrhundert belegt ist, konnten sich deutlich länger halten als die Katharer.

Consolamentum Der katharische Taufritus, durch den Gläubige zu Perfecti wurden. Viele Katharer empfingen das *Consolamentum* erst auf dem Totenbett.

Convenanza Der formale Ritus, durch den ein katharischer Zuhörer ein Gläubiger wurde.

Doketismus Der unter Gnostikern verbreitete Glaube, dass Christus nur scheinbar einen physischen Körper hatte. Seine Anhänger glaubten, dass Jesu Körper eine Illusion sei, ebenso wie seine Kreuzigung. Der Doketismus wurde von der Kirche zur Häresie erklärt. Sowohl die Bogomilen als auch die Katharer waren Doketisten.

Donatismus Häresie, die die Gültigkeit von Gottesdiensten bestritt, die von sündigen Priestern abgehalten wurden. Viele Reformbewegungen des

11. und 12. Jahrhunderts sympathisierten mit dieser Ansicht. Auch die Katharer waren Donatisten, da ein *Consolamentum* ungültig wurde, das von einem Perfectus gespendet wurde, der später – auch unabsichtlich – sein Gelübde brach.

Dualismus Der Glaube, dass Gut und Böse zwei unabhängige Gegenprinzipien darstellen. Absolute Dualisten halten das Böse für ebenso stark wie das Gute und glauben an einen ewigen Kampf der beiden Antagonisten. Sie sehen Zeit als zyklisch an und glauben an Reinkarnation. Gemäßigte Dualisten betrachten das böse Prinzip als dem guten unterlegen, sodass letzteres am Ende der Zeit triumphieren wird. Beide lehnen die materielle Welt ab. Die Katharer waren anfänglich moderat, wurden aber beim Konzil von Saint-Félix zum absoluten Dualismus bekehrt. Einige Katharer – wie die Kirche von Concorezzo – blieben allerdings moderat.

Elchasaiten Jüdisch-christliche Sekte, die interessanterweise auch als Katharoi bekannt war. Ihr berühmtestes Mitglied war der persische Prophet Mani.

Endura Katharischer Ritus, der vorschreibt, dass nach Empfang des *Consolamentum* der Gläubige nur noch kaltes Wasser zu sich nehmen darf. Auch wenn die *Endura* vor allem mit dem Neubeginn unter den Brüdern Autier assoziiert wird, war sie von Anfang an ein Merkmal des Katharismus.

Essener Radikale jüdische Sekte, die vom 2. Jahrhundert v. Chr. bis zum 1. Jahrhundert n. Chr. bestand. Es gibt Hinweise, dass sowohl Jesus als auch Johannes der Täufer zu der Sekte in Verbindung standen. Die Gemeinde in Qumran, die die Schriftrollen vom Toten Meer verfasste, soll zu den Essenern gehört haben.

Gläubige Die Mehrheit der Katharer waren Gläubige, d. h. sie hatten die *Convenanza* empfangen, nicht aber das *Consolamentum*.

Gnostizismus Überbegriff für viele verschiedene Sekten, die in den ersten Jahrhunderten n. Chr. blühten. Der Gnostizismus gilt zwar als christlich, umfasst aber viele vorchristliche Elemente wie den Glauben an den Dualismus. Der Name leitet sich von dem griechischen Wort für Wissen, *Gnosis*, ab.

Keltische Kirche Laut Überlieferung wurde die keltische Kirche von Josef von Arimathäa in Glastonbury Mitte des 1. Jahrhunderts n. Chr. gegründet. Sie gilt als die Urform des Christentums in Europa. Nach der Synode von Whitby im Jahr 664 ging sie in der katholischen Kirche auf. Bis heute gibt es zahlreiche moderne keltische Kirchen.

Manichäismus Universalistische, dualistische Religion, begründet von dem persischen Propheten Mani (216–275). Sie galt als die schlimmste Häresie seit dem Marcionismus (siehe unten) und wurde vom hl. Augustinus – einst selbst Mitglied – verdammt. Sie verschwand im 6. Jahrhundert in Europa weitgehend, in Asien dagegen hielt sie sich noch weitere tausend Jahre. »Manichäisch« wurde im Mittelalter zu einem Synonym für »ketzerisch«.

Marcionismus Gnostische, dualistische Sekte, die das Prinzip der zwei Gottheiten lehrte – Christus als Sohn des wahren Gottes und Jehovah als böser Gott des Alten Testaments.

Melioramentum Formelle Begrüßung eines Perfectus durch einen katharischen Gläubigen.

Messalianismus Dualistische Häresie, die im 4. Jahrhundert in Mesopotamien entstand. Der Name bedeutet »die Beter«. Die Anhänger werden auch als Enthusiasten bezeichnet.

Nestorianismus Der von Nestorius (ca. 386–ca. 451), dem Patriarchen von Konstantinopel, erstmals formulierte Glaube, dass die Person Christi zwei verschiedene Wesen umfasse, eines menschlich, das andere göttlich. Der Nestorianismus wurde beim Konzil von Ephesus 431 zur Häresie erklärt, doch die nestorianische Kirche exstiert – trotz ihrer Verfolgung – bis zum heutigen Tag.

Patarener Italienische Bezeichnung für Katharer, die auch in Bosnien verwendet wurde.

Paulicianismus Dualistische Häresie, die im 7. Jahrhundert in Armenien entstand. Im Jahr 717 wurden die Anhänger auf einem Konzil der armenischen Kirche als »Söhne des Teufels« verdammt. Dennoch soll sich die Bewegung bis ins 17. Jahrhundert gehalten haben.

Pelagianismus Pelagius (ca. 360–ca. 435) war ein englischer Mönch, der in seinen Lehren die Erbsünde bestritt. Der Pelagianismus wurde 417 beim Konzil von Karthago verdammt.

Perfecti Die katharischen Priester waren strenge, schwarz gekleidete Asketen, die das Herz und die Seele der Katharerbewegung darstellten. Auch im Bogomilismus gab es Perfecti.

Piphles Laut Eckbert von Schönau war dies der Name, der für dualistische Häretiker in Flandern verwendet wurde. Der Ursprung des Namens ist nicht bekannt.

Publikaner Ein Name, mit dem im 12. Jahrhundert Häretiker bezeichnet wurden, von denen eine Gruppe nach England kam, wo sie unter der Herrschaft Heinrichs II. weitere Anhänger gewann.

Texerant Laut Eckbert von Schönau war dies der Name, der für dualistische Häretiker in Frankreich verwendet wurde. Er leitet sich von dem lateinischen Wort für »weben« ab, ein Handwerk, das lange mit Häresie assoziiert wurde.

Waldenser Die von dem Prediger Petrus Valdes (1140–1217) gegründete Gruppe praktizierte biblische Armut und war deshalb auch als »die Armen von Lyon« bekannt. Sie wurden 1184 in der Bulle *Ad abolendam* – die auch die Katharer verdammte – zu Häretikern erklärt. Trotz ihrer Verfolgung existiert die Waldenserkirche bis heute.

Zuhörer Im katharischen Kontext war ein Zuhörer eine Person, die sich für den Katharismus interessierte, aber nicht bereit oder gewillt war, der Kirche als Mitglied beizutreten, was den Empfang der *Convenanza* erfordert hätte.

Bibliografie

Anderson, William: *Dante the Make*. London: Routledge & Kegan Paul, 1980

Angebert, Jean-Michel: *The Occult and the Third Reich*. Basingstoke: Macmillan, 1974

Angelov, Dimiter: *The Bogomil Movement*. Sofia: Sofia Press, 1987

Armstrong, T.J.: *Cecilia's Vision*. London: Headline, 2001

Arnold, John H.: *Inquisition and Power: Catharism and the Confessing Subject in Medieval Languedoc*. Philadelphia: University of Pennsylvania Press, 2001

Baigent, Michael, Leigh, Richard. Lincoln, Henry: *Der heilige Gral und seine Erben: Ursprung und Gegenwart eines geheimen Ordens, sein Wissen und seine Macht*. Bergisch Gladbach: Lübbe, 2005

Baigent, Michael, Leigh, Richard: *Als die Kirche Gott verriet: Die Schreckensherrschaft der Inquisition*. Bergisch Gladbach: Lübbe, 2000

Baigent, Michael, Leigh, Richard: *Verschlusssache Jesus: Die Wahrheit über das frühe Christentum*. Bergisch Gladbach: Bastei Lübbe Stars, 2006

Barber, Malcolm: *Die Katharer: Ketzer des Mittelalters*. Düsseldorf: Albatros, 2008

Bihalji-Merin, O., Benac, Alojz: *Steine der Bogomilen*. Mit Photographien von Tošo Dabac. Wien [u.a.]: Schroll, 1964

Biller, Peter, Hudson, Anne [Hrsg.]: *Heresy and Literacy, 1000–1530*. Cambridge: Cambridge University Press, 1994

Birks, Walter, Gilbert, R.A.: *The Treasure of Montségur: A Study of the Cathar Heresy and the Nature of the Cathar Secret*. London: Crucible, 1987

Brenon, Anne: *Le Vrai Visage du Catharisme*. Portet-sur-Garonne: Loubatieres, 1988

Brenon, Anne: *Les Femmes Cathares*. Paris: Perrin, 1992

Cartner, George: *Flames of Faith: The Cathars of the Languedoc*. Glasgow: B & C Press, 2003

Cohn, Norman: *Die Sehnsucht nach dem Millennium: Apokalyptiker,*

Chiliasten und Propheten im Mittelalter. Freiburg im Breisgau; Basel; Wien: Herder, 1998

Cohn, Norman: *Europe's Inner Demons: The Demonisation of Christians in Medieval Christendom.* London: Pimlico, 1993

Costen, Michael: *The Cathars and the Albigensian Crusade.* Manchester: Manchester University Press, 1997

Davidson, John: *The Gospel of Jesus: In Search of His Original Teachings.* Shaftesbury: Element, 1995

Dick, Philip K.: *Die Valis-Trilogie: Drei Romane.* Mit einem Nachw. von Sascha Mamczak. München: Heyne, 2002

Dutton, Claire: *Aspects of the Institutional History of the Albigensian Crusades 1198–1229.* London: Royal Holloway and Bedford New College, University of London, 1993 (PhD Thesis)

Duvernoy, Jean: *Le Catharisme.* (2 Vols) Toulouse: Privat, 1976/9

Eisenman, Robert: *Jakobus, der Bruder von Jesus: Der Schlüssel zum Geheimnis des Frühchristentums und der Qumran-Rollen.* München: Goldmann, 1998

Eisenman, Robert: *The Dead Sea Scrolls Uncovered.* (with Michael Wise), New York: Penguin, 1992

Elliott, J.K., James, M.R. [Hrsg.]: *The Apocryphal New Testament.* Oxford: Oxford University Press, 1993

Fichtenau, Heinrich: *Ketzer und Professoren: Häresie und Vernunftglaube im Hochmittelalter.* München: Beck, 1992

Fine Jr, J.V.A.: »*The Bosnian Church: A New Interpretation*«. London: East European Quarterly, 1975

Frayling, Christopher: *Geheimnisvolle Welt: Eine Reise durch das Mittelalter.* Köln: vgs, 1995

Garsoïan, Nina G.: *The Paulician Heresy.* Paris: Mouton & Co, 1967

George, Leonard: *The Encyclopedia of Heresies and Heretics.* London: Robson Books, 1995

Ginzburg, Carlo: *Der Käse und die Würmer: Die Welt eines Müllers um 1600.* Berlin: Wagenbach, 2002

Godwin, Malcolm: *Der heilige Gral: Ursprung, Geheimnis und Deutung einer Legende.* Erftstadt: HOHE, 2007

Gordon, James: *The Laity and the Catholic Church in Cathar Langue-*

doc. Oxford: Oxford PhD Thesis, 1992

Guirdham, Arthur: *The Great Heresy: The History and Beliefs of the Cathars*. London: C.W. Daniel, 1993

Guirdham, Arthur: T*he Cathars and Reincarnation*. London: C. W. Daniel, 1990

Guirdham, Arthur: *We are One Another*. London: C.W. Daniel, 1991

Guirdham, Arthur: *The Lake and the Castle*. London: C.W. Daniel, 1991

Guirdham, Arthur: *A Foot in Both Worlds*. London: C.W. Daniel, 1991

Hamilton, Bernard: *The Albigensian Crusade*. London: Historical Association, 1974

Hamilton, Bernard: *Monastic Reform, Catharism and the Crusades (900–1300)*. Aldershot: Variorum, 1979

Hamilton, Bernard: *Crusaders, Cathars and the Holy Places*. Aldershot: Ashgate/Variorum, 2000

Hamilton, Bernard: *Die christliche Welt des Mittelalters: Der Westen und der Osten*. Düsseldorf [u. a.]: Artemis & Winkler , 2004

Hamilton, Janet, Hamilton, Bernard [Hrsg.]: *Christian Dualist Heresies in the Byzantine World, c. 650–c. 1450: Selected Sources*. Manchester: Manchester University Press, 1998

Holroyd, Stuart: *Gnostizismus*. Braunschweig: Aurum-Verl., 1995

Kersten, Holger: *Jesus lebte in Indien: Sein geheimes Leben vor und nach der Kreuzigung*. Frankfurt/M; Berlin: Ullstein. 1996

Ladurie, Emmanuel Le Roy: *Montaillou. Ein Dorf vor dem Inquisitor 1294 – 1324*. Frankfurt/M; Berlin: Ullstein, 1993

Lambert, Malcolm: *Geschichte der Katharer: Aufstieg und Fall der großen Ketzerbewegung*. Darmstadt: WBG, 2001

Lambert, Malcolm: *Häresie im Mittelalter. Von den Katharern bis zu den Hussiten*. Darmstadt: WBG, 2001

Lansing, Carol: Power & Purity: *Cathar Heresy in Medieval Italy*. Oxford: Oxford University Press, 1998

Levack, Brian P.: Hexenjagd. *Die Geschichte der Hexenverfolgungen in Europa*. München: Beck, 1999

Markale, Jean: *Die Katharer von Montségur. Das geheime Wissen der*

Ketzer. München: Goldmann, 1993

Martin, Lois: *The History of Witchcraft*. London: Pocket Essentials, 2002

Martin, Sean: *The Knights Templar*. London: Pocket Essentials, 2004

Miller, Robert J. [Hrsg.]: *The Complete Gospels*. London: Harper-Collins, 1994

Moore, R.I.: *The Formation of a Persecuting Society: Power and Deviance in Western Europe, 950–1250*. London: Blackwell, 1987

Mundy, John Hine: *The Repression of Catharism at Toulouse: The Royal Diploma of 1279*. Pontifical Institute of Mediaeval Studies, 1985

Mundy, John Hine: *Men and Women at Toulouse in the Age of the Cathars*. Montecassino: Pontifical Institute of Mediaeval Studies, 1990

Obolensky, Dmitri: *The Bogomils: A Study in Balkan Neo-Manichaeism*. Cambridge: Cambridge University Press, 1948

Oldenbourg, Zoé: *Massacre at Montségur: A History of the Albigensian Crusade*. London: Phoenix, 1998

O'Shea, Stephen: *The Perfect Heresy: The Revolutionary Life and Death of the Medieval Cathars*. London: Profile Books, 2000

Pagels, Elaine: *The Gnostic Gospels*. London: Penguin, 1982

Pagels, Elaine: *Adam, Eva und die Schlange. Die Geschichte der Sünde*. Reinbek bei Hamburg: Rowohlt, 1994

Pagels, Elaine: *Satans Ursprung*. Frankfurt am Main: Suhrkamp, 1998

Panichas, George [Hrsg.] *The Simone Weil Reader*. Kingston RI: Moyer Bell, 1977

Picknett, Lynne, Prince, Clive: *The Templar Revelation*. London: Bantam, 1997

Rahn, Otto: *Kreuzzug gegen den Gral. Die Tragödie des Katharismus*. Stuttgart, 1964

Ratcliffe, Chris, Connell, Elaine: *Cycling in Search of the Cathars*. Hebden Bridge: Pennine Pens, 1990

Richards, Jeffrey: *Sex, Dissidence and Damnation: Minority Groups in the Middle Ages*. London: Routledge, 1990

Roach, Andrew: *The Relationship of the Italian and Southern French Cathars, 1170–1320*. Oxford: University of Oxford, 1989 (PhD Thesis)

Roché, Déodat: *Le Catharisme*. Toulouse: Institut d'études occitanes, 1947

Roché, Déodat: *L'Église romaine et les cathares albigeois*. Arques: Éditions Cahiers d'études cathares, 1969

Roché, Déodat: *Die Katharer-Bewegung: Ursprung und Wesen*. Stuttgart: Ogham, 1992

Robinson, James M. [Hrsg.]: *The Nag Hammadi Library in English*. London: HarperCollins, 1990

Roquebert, Michel: *Licht und Schatten im Land der Katharer*. Fotos von Catherine Bibollet, Toulouse: Privat, 1992

Roquebert Michel: *Die Religion der Katharer*. Portet-sur-Garonne: Ed. Loubatières, 1988

Roquette, Yves: *Cathars*. Loubatières, 1992

Runciman, Sir Steven: *The Medieval Manichee*. Cambridge: Cambridge University Press, 1947

Russell, Jeffrey Burton: Satan: *The Early Christian Tradition*. Ithaca NY: Cornell University Press, 1981

Russell, Jeffrey Burton: Lucifer: *The Devil in the Middle Ages*. Ithaca NY: Cornell University Press, 1984

Shirley, Janet [Übers.]: T*he Song of the Cathar Wars: A History of the Albigensian Crusade by William of Tudela and an Anonymous Successor*. London: Scolar Press, 1996

Sibly, W.A., Sibly, M.D. [Übers.]: T*he History of the Albigensian Crusade: Peter of les Vaux-de-Cernay's Historia Albigensis*. Woodbridge: Boydell, 1998

Sparks, H.F.D. [Hrsg.] *The Apocryphal Old Testament*. London: Oxford University Press, 1984

Stoyanov, Yuri: *The Other God: Dualist Religions from Antiquity to the Cathar Heresy*. New Haven: Yale University Press, 2000

Strayer, Joseph R.: *The Albigensian Crusades*. With a new epilogue by Carol Lansing. Ann Arbor: University of Michigan Press, 1992

Sumption, Jonathan: *The Albigensian Crusades*. London: Faber and Faber, 1978

Tashkovski, Dragan: *Bogomilism in Macedonia.* Skopje: Macedonian Review Editions, 1975

Tuchman, Barbara W.: *Der ferne Spiegel. Das dramatische 14. Jahrhundert.* Hamburg: Spiegel-Verl., 2007

Vermes, Geza [Hrsg.]: *The Complete Dead Sea Scrolls in English.* London: Penguin, 2004

Wakefield, W.L.: *Heresy, Crusade and Inquisition in Southern France, 1100–1250.* London: Allen and Unwin, 1974

Wakefield, W.L., Evans, Austin P. [Hrsg.]: *Heresies of the High Middle Ages.* New York Columbia University Press, 1991

Weis, René: *The Yellow Cross.* London: Penguin, 2001

Wilson, A.N.: Paul: *The Mind of the Apostle.* London: Sinclair-Stevenson, 1997

Register